BIBLIOTHÈQUE SOCIOLOGIQUE. — N° 40

ADHÉMAR SCHWITZGUÉBEL

Membre de l'INTERNATIONALE

Quelques écrits

PARIS. — Ier

P.-V. STOCK, ÉDITEUR

(Ancienne Librairie TRESSE & STOCK)

155, RUE SAINT-HONORÉ, (PRÈS *la Civette*)

Devant le Théâtre-Français

1908

Quelques écrits

OUVRAGES

déjà publiés dans la Bibliothèque Sociologique

1. — *La Conquête du Pain*, par Kropotkine. Un volume in-18, avec préface par Elisée Reclus, 9e édition. Prix 3 50
2. — *La Société mourante et l'Anarchie*, par Jean Grave. Un volume in-18, avec préface, par Octave Mirbeau. Prix 3 50
3. — *De la Commune à l'Anarchie*, par Charles Malato. Un volume in-18, 2e édition. Prix. 3 50
4. — *Œuvres de Michel Bakounine* (tome Ier). Fédéralisme, Socialisme et Antithéologisme. Lettres sur le Patriotisme. Dieu et l'Etat. Un volume in-18. 3e édition. Prix. 3 50
5. — *Anarchistes*, mœurs du jour, roman par John-Henry Mackay, traduction de Louis de Hessem. Un volume in-18. Prix 3 50
6. — *Psychologie de l'Anarchiste Socialiste*, par A. Hamon. Un volume in-18, 2e édition. Prix 3 50
7. — *Philosophie du Déterminisme*. Réflexions sociales, par Jacques Sautarel. Un volume in-18, 2e édition. Prix 3 50
8. — *La Société Future*, par Jean Grave. Un vol. in-18, 8e édition. Prix . . 3 50
9. — *L'Anarchie*. Sa philosophie. Son idéal, par Pierre Kropotkine. Une brochure in-18, 6e édition. Prix . . . . 1 »
10. — *La Grande Famille*, roman militaire, par Jean Grave. Un volume in-18, 3e édition. Prix 3 50
11. — *Le Socialisme et le Congrès de Londres*, par A. Hamon. Un volume in-18, 2e édition. Prix 3 50
12. — *Les Joyeusetés de l'Exil*, par Charles Malato. Un vol. in-18, 2e éd. Prix. 3 50
13. — *Humanisme intégral*. Le duel des sexes. La cité future, par Léopold Lacour. Un volume in-18, 2e édition. Prix. 3 50
14. — *Biribi*, armée d'Afrique, roman, par G. Darien. Un vol. in-18, 4e éd. Prix. 3 50
15. — *Le Socialisme en danger*, par Domela Nieuwenhuis. Un volume in-18, avec préface par Elisée Reclus. Prix 3 50
16. — *Philosophie de l'Anarchie*, par Charles Malato. Un vol. in-18. 2e éd. Prix. 3 50
17. — *Les Inquisiteurs d'Espagne*. Montjuich, Cuba, Philippines, par F. Tarrida del Marmol. Un volume in-18, avec préface par Ch. Malato; 2e édition. Prix . . 3 50
18. — *L'Individu et la Société*, par Jean Grave. Un vol. in-18, 4e éd. Prix . 3 50
19. — *L'Evolution, la Révolution et l'Idéal Anarchique*, par Elisée Reclus. Un volume in-16, 6e édition. Prix. 3 50
20. — *Soupes*, nouvelles, par Lucien Descaves. Un vol. in-18, 2e édition. Prix. 3 50
21. — *L'Homme Nouveau*, par Charles Malato. Une brochure in-18. Prix . . . 1 »
22. — *La Commune*, par Louise Michel. Un vol. 2e édition. Prix 3 50
23. — *Sous la Casaque*. Notes d'un soldat, par G. Dubois-Desaulle. Un volume in-18. 2e édition. Prix. 3 50
24. — *Le Militarisme et la Société moderne*, par Guglielmo Ferrero : traduction de M. Nino Samaja. Un volume in-18. Prix 3 50
25. — *Au pays des Moines (Noli me Tangere)*, par le Dr Rizal; traduction de R. Sempau et H. Lucas. Un volume in-18. Prix. 3 50
26. — *L'Amour libre*, par Charles Albert. Un vol. in-18, 3e édition. Prix. . . 3 50
27. — *L'Anarchie*. Son but, ses moyens, par Jean Grave. Un volume in-18, 4e édition. Prix. 3 50
28. — *L'Unique et sa Propriété*, par Max Stirner. Avant-propos et traduction par Reclaire. Un volume in-18. Prix 3 50
29. — *En marche vers la Société nouvelle*. Principes. Tendances. Tactique de la lutte de classes, par Christian Cornélissen. Un volume in-18. Prix. 3 50
30. — *Les Rayons de l'Aube*. Dernières études philosophiques, par le comte Léon Tolstoï, traduction de J.-W. Bienstock. Un vol. in-16. 4e édition. Prix. . . 3 50
31. — *Paroles d'un Homme libre*. Dernières études philosophiques, par le comte Léon Tolstoï, traduction de J.-W. Bienstock. Un volume in-16, 4e édition. Prix . 3 50
32. — *Tolstoï et les Doukhobors*. Faits historiques traduits et réunis par J.-W. Bienstock. Un volume in-16, 2e édition. Prix 3 50
33. — *Discours civiques*, par Laurent Tailhade. Un volume in-16. Prix . . . 3 50
34. *L'Inévitable Révolution*, par Un Proscrit. Un volume in-18. Prix . . . 3 50
35. — *La Douleur inévitable*, par Sébastien Faure. Un vol. in-18, 3e éd. Prix. 3 50
36. — *Psychologie du Militaire professionnel*, par A. Hamon. Un volume in-18. 3e édition. Prix 3 50
37. — *La Physiologie morale*, par G. Chatterton-Hill. Un volume in-18. Prix . 3 50
38. — *Œuvres de Michel Bakounine*. Tome II. Les Ours de Berne et l'Ours de Saint-Pétersbourg. Lettres à un Français sur la crise actuelle. L'Empire Knouto-germanique et la Révolution sociale, première livraison. Un fort volume in-18, avec une notice biographique, des avant-propos et des notes par James Guillaume. Prix . . . 3 50
39. — *Œuvres de Michel Bakounine*. T. III. L'Empire Knouto-germanique et la Révolution sociale. seconde livraison. Considérations philosophiques sur le fantôme divin, sur le monde réel et sur l'homme. Un fort vol. in-18 . . . . 3 50

BIBLIOTHÈQUE SOCIOLOGIQUE. — N° 40

ADHÉMAR SCHWITZGUÉBEL
Membre de l'Internationale

Quelques écrits

PARIS. — Ier
P.-V. STOCK, ÉDITEUR
(Ancienne Librairie Tresse et Stock)
155, RUE SAINT-HONORÉ, DEVANT LE THÉATRE FRANÇAIS

1908

PRÉFACE D'UN AMI

En réunissant, dans ce petit volume, *Quelques écrits* d'Adhémar Schwitzguébel, nous avons voulu, nous qui fûmes ses amis et ses compagnons de lutte dans l'Internationale, mettre sous les yeux de la nouvelle génération ouvrière des vérités et des conseils qui ont gardé tout leur prix.

On pourra, en lisant ces opuscules, — manifestes, rapports, articles, et aussi dialogues reproduisant avec une saisissante fidélité des scènes réelles de la vie ouvrière, — suivre la pensée de notre camarade dans son évolution progressive, depuis le moment où, en 1869, il cherchait encore quelle était la meilleure tactique à suivre dans la lutte des salariés contre le patronat, jusqu'à celui où on le voit arriver à la claire conception de ce qu'on appelle aujourd'hui le « syndicalisme révolutionnaire ».

Adhémar Schwitzguébel, né en 1844 au village de Sonvillier, dans le Val de Saint-Imier (1), en Suisse (canton de Berne), était le fils d'un petit patron graveur, qui appartenait au parti « libéral » (radical) et qui avait pris une part active aux luttes politiques de 1847-1848, puis des années qui suivirent. Le jeune Adhémar fit, dans l'atelier paternel, son apprentissage de graveur. Elevé dans les principes de son père, il s'intéressa de bonne

(1) Sa famille est originaire d'une commune de la partie allemande du canton de Berne, Saanen (en français *Gessenay*), située dans une haute vallée des Alpes bernoises, la vallée supérieure de la Sarine (en allemand *Saane*).

heure aux affaire publiques, et partagea d'abord, comme nous tous, les illusions du patriotisme. Lorsqu'il dut commencer son service militaire dans la milice, en 1864, il y apporta au début un zèle et y fit preuve d'une intelligence qui lui firent obtenir, dès l'âge de vingt-trois ans, le grade de sous-lieutenant d'infanterie. Mais la création des premières sections de l'Internationale en Suisse vint changer le cours de ses idées, et lui ouvrir un monde nouveau. Il fit partie de celle de Sonvillier dès sa fondation (mars 1866), et la représenta comme délégué au premier Congrès général de l'Internationale à Genève (septembre 1866). En 1868, il alla travailler quelque temps à Genève, où il eut l'occasion d'accroître le cercle de ses connaissances. En janvier 1869, il représenta au Congrès romand de Genève, où fut constituée la Fédération romande, la section du district de Courtelary (Val de Saint-Imier) ; puis, retourné à Sonvillier, il prit résolument parti dans la lutte engagée aux Montagnes contre l'influence du « coullerysme » ou pseudo-socialisme bourgeois ; et, au meeting historique du Crêt-du-Locle (30 mai 1869), dont il fut l'un des vice-présidents (l'autre était Auguste Spichiger), il apporta au socialisme collectiviste l'aide de sa parole réfléchie et convaincue. En septembre 1869, il prit part au quatrième Congrès général de l'Internationale, à Bâle, comme délégué des sections du district de Courtelary, et y vota, avec la presque unanimité des délégués, en faveur de la propriété collective. En mars 1870, il décida, par son influence, la Société de secours mutuels des ouvriers graveurs et guillocheurs du Val de Saint-Imier, dont il était membre (il travaillait comme ouvrier dans l'atelier de son père), à se transformer en société de résistance et à adhérer à l'Internationale ; et ce fut comme délégué de cette section et de la section de Granges (Soleure) qu'il vint au Congrès de la Chaux-de-Fonds du 4 avril 1870, où s'opéra la scission de la Fédération romande en majorité collectiviste et en minorité anti-collectiviste. Schwitzguébel, naturellement, fut avec les collectivistes, qui étaient l'élément révolutionnaire et qui voulaient substituer l'organisation fédérative des corps de métier et la lutte sur le terrain économique international par la grève, à l'organisation en parti politique cantonal et national et à la lutte sur le terrain électoral, que préconisaient leurs adversaires. Trois semaines avant, le 13 mars 1870, il assistait, à Lyon, à la grande assemblée ouvrière présidée par Varlin, où se réunirent des délégués de l'Internationale venus de diverses régions de la France.

Retracer en détail l'activité déployée par Schwitzguébel durant les dix années qui suivirent, ce serait raconter l'histoire de l'Internationale dans la Suisse française. Je me borne à rappeler la guerre de 1870, pendant laquelle il dut faire du service à la frontière dans un bataillon bernois ; la Commune, dont le contre-coup se fit sentir jusque dans les montagnes du Jura (on sait qu'après la Commune il se rendit à Paris, au commencement de juillet 1871, pour y porter des passeports destinés aux proscrits) ; le Congrès de Sonvillier (12 novembre 1871), où fut fondée la Fédération jurassienne ; le Congrès de la Haye (septembre 1872), où il fut délégué avec moi pour défendre les principes de l'autonomie et du fédéralisme contre les prétentions dictatoriales de certains membres du Conseil général de Londres ; le second Congrès de Genève (septembre 1873), où l'Internationale fut réorganisée sans Conseil général ; le second Congrès de Bruxelles (septembre 1874), où il représenta la Fédération jurassienne ; la manifestation du 18 mars 1877, à Berne, où l'estime et l'amitié de tous l'avaient fait choisir pour porter le drapeau rouge. Il n'y eut presque pas un des nombreux Congrès de la Fédération jurassienne auxquels Schwitzguébel n'ait assisté et où il n'ait présenté quelque rapport, jusques et y compris le dernier, tenu à la Chaux-de-Fonds en 1880.

Dans ses *Mémoires*, Pierre Kropotkine a tracé un portrait d'Adhémar Schwitzguébel qui le montre tel qu'il fut dans ces belles et trop fugitives années : « Il avait un don étonnant pour démêler les plus difficiles problèmes d'économie ou de politique, qu'il exposait, après y avoir longtemps réfléchi, du point de vue de l'ouvrier, sans rien leur enlever de leur sens le plus profond. Il était connu au loin à la ronde dans les Montagnes, et, parmi les ouvriers de tous pays qu'il avait eu l'occasion de rencontrer, il ne comptait que des amis. »

Adhémar Schwitzguébel s'était marié en 1873 avec une jeune ouvrière franc-comtoise qui travaillait à Sonvillier. Il fut bientôt chargé d'une nombreuse famille (il n'a pas eu moins de neuf enfants, dont huit sont vivants, sept filles et un garçon). A la mort de son père (en 1879), il eut à liquider une situation difficile ; et, aux prises avec les dures nécessités de l'existence, après avoir dépensé sans compter son énergie et son talent au service de la cause ouvrière, il connut, pendant de longues et tristes années, les angoisses de la misère. En 1889, il émigra de Sonvillier à Bienne, où un de ses amis, plus jeune, devenu chef d'atelier, consentit à l'embaucher comme ouvrier graveur. Il finit par accepter, en 1891, le poste d'adjoint romand au secrétariat ouvrier suisse, pour lequel il fut désigné par le vote des sociétés ouvrières.

L'Internationale avait cessé d'exister depuis 1880, et le mouvement se trouva, dans les années qui suivirent, dévoyé et presque annihilé. Dès son arrivée à Bienne, Schwitzguébel reprit l'œuvre de propagande qu'il avait dû interrompre : il fonda plusieurs associations ouvrières ; et bientôt après il créa, avec quelques autres militants, la Fédération ouvrière horlogère, qui disparut après les grèves du Leberberg (Granges, Soleure) en 1895. Ses conceptions sociales d'avenir se rapprochaient maintenant de celles du socialiste belge De Paepe, notre ami depuis 1867 : mais l'idée de l'organisation ouvrière tenait toujours la première place dans son esprit. Surtout, il recommandait de bien se garder de compromettre la solidarité qui doit relier en un faisceau tous les salariés, en voulant faire prévaloir telle ou telle idée théorique : il pensait que tous, sans distinction d'école, devaient s'unir sur le terrain commun de la lutte économique ; il écrivait, en 1893, à un ami « anarchiste », plus jeune, de Saint-Imier : « Si nous parvenons à mettre debout la Fédération ouvrière horlogère, non seulement avec une minorité de syndiqués, — ce qui est un fait acquis, — mais avec l'immense majorité, avec l'unanimité des syndicats existants, une période nouvelle commencera dans le mouvement ouvrier de notre contrée... Ayons pour mot d'ordre : l'organisation ouvrière générale ; les circonstances et la situation indiqueront logiquement la tactique à suivre. »

Epuisé avant l'âge par les fatigues et les soucis de la pénible existence qu'il avait menée dans les quinze dernières années, et atteint d'une maladie incurable, un cancer de l'estomac, Adhémar Schwitzguébel est mort à Bienne le 23 juillet 1895. Sa mémoire est restée chère à ses amis.

Ils ont désiré l'associer au beau mouvement de rénovation qui se manifeste depuis quelques années au sein des masses ouvrières des pays de l'Europe occidentale, en réimprimant quelques-unes des pages écrites par lui de 1869 à 1876. Nous espérons que nos camarades prendront plaisir à y retrouver les idées qui sont les leurs.

James Guillaume.

Quelques écrits

I

MANIFESTE ADRESSÉ AUX OUVRIERS DU VALLON DE SAINT-IMIER (1).

Citoyens,

L'un des faits les plus réjouissants et les plus significatifs de notre époque, c'est la participation toujours plus active des classes ouvrières à tout ce qui se rattache au bien-être moral et matériel des peuples.

(1) Neuchâtel, imprimerie G. Guillaume fils, 1870. Prix: 10 centimes. — L'origine de ce *Manifeste* se trouve expliquée dans une correspondance datée du Val de Saint-Imier, 2 novembre 1869, et adressée à l'*Egalité*, journal de l'Association internationale des travailleurs de la Suisse romande, paraissant à Genève: « Il se manifeste depuis quelque temps un mouvement très réjouissant dans le sein de la classe ouvrière de notre Vallon. On commence de toutes parts à s'occuper sérieusement des questions sociales, de la nécessité d'une organisation ouvrière, du rôle présent et à venir de l'Internationale ; il y a de violentes attaques, de chaleureuses défenses, en un mot il y a de la vie. — Un groupe d'ouvriers de Saint-Imier a convoqué pour le 31 octobre une assemblée populaire qui a eu lieu à Saint-Imier, et dont le but principal était *l'organisation ouvrière*. On a fait ressortir la nécessité de fonder dans chaque métier une société de résistance et de compléter la Fédé-

Les grèves, qui se multiplient chaque jour davantage et qui ont fait, dans le Jura, leur apparition d'une manière éclatante, contraignent pour ainsi dire les populations à s'occuper de cette question tant redoutée qu'on appelle la *Question sociale*. Chacun se préoccupe de trouver un remède ou un palliatif: quelques-uns n'aboutissent qu'à proposer des remèdes d'empiriques, mais tous semblent prévoir qu'il faut une solution nouvelle aux problèmes économiques posés universellement par les ouvriers.

Pour favoriser ce courant d'idées et provoquer une discussion publique sur la situation actuelle, quelques ouvriers prirent l'initiative d'une assemblée qui eut lieu le 31 octobre 1869 à Saint-Imier, et où, après une discussion approfondie, on nomma une commission chargée de la rédaction d'un Manifeste à adresser aux ouvriers, pour exposer aussi brièvement que possible la position faite aux ouvriers et les moyens aboutissant le mieux à une organisation générale qui puisse sauvegarder leurs intérêts communs.

C'est le travail dont nous avons été chargés que nous publions aujourd'hui.

*
* *

Pour déterminer nettement la position faite à la classe ouvrière, il faut nécessairement que nous étudiions d'abord les rapports existants entre le travail et le capital, et en-

ration ouvrière du Vallon au moyen de l'adhésion de toutes les sociétés de métier. Une commission a été chargée de la rédaction d'un Manifeste à adresser aux ouvriers; ensuite elle provoquera, dans les parties où il n'y en a point, la fondation d'une société de métier. » (*Egalité* du 6 novembre 1869). Ce Manifeste fut rédigé par Adhémar Schwitzguébel; il parut en février 1870 (*Egalité* du 26 février 1870).

suite les conditions où est l'industrie dominante dans nos contrées : l'horlogerie.

Si nous devions ici faire un cours de ce que l'on pourrait appeler « l'histoire de l'économie politique et sociale », nous pourrions établir d'une manière positive comment l'homme, après y avoir été poussé par le besoin, a transformé la matière en instruments de travail et s'est ainsi créé *un capital ;* comment, par le fait de l'appropriation individuelle du sol et des matières premières, une partie des hommes, plus intelligents, plus rusés, plus forts que les autres, arrivèrent par l'astuce et la violence à asservir leurs semblables afin de les faire travailler à leur profit ; d'où il résulta que le capital social, composé du sol, des forces économiques naturelles et du travail accumulé des esclaves, devint la propriété exclusive d'une minorité qui, n'ayant rien produit, n'y avait aucun droit.

Une fois la société divisée en deux classes, l'exploitation de l'homme par l'homme devint une loi sociale, et toutes les institutions que l'on établit en vue de protéger l'ordre social aboutirent à consolider un état de choses qui, faux par sa base, n'était que le résultat d'une grande iniquité. Les révolutions que nous voyons apparaître à travers l'histoire de l'humanité, comme autant de protestations du droit naturel contre le fait du despotisme, n'ont guère changé que les mots : l'esclave est devenu serf; le serf, salarié ; c'est que, dans un édifice reposant sur des fondements mauvais, il ne suffit pas de réparer le sommet pour tout améliorer, il faut s'attaquer à la base elle-même. A partir des premières années de ce siècle, le socialisme commence à rechercher et à dévoiler la cause de tous les abus ; peu à peu, les masses populaires s'emparent de la pensée nouvelle, et aujourd'hui le monde ouvrier s'affirme en face du monde privilégié : le Travail veut briser toutes ses chaînes.

Le Travail est-il réellement aujourd'hui l'esclave du capital, ou bien le salarié est-il libre vis-à-vis du capitaliste? — La possession du capital étant de fait un privilège, et le travail humain, à moins de recommencer cette lutte longue et pénible qu'il livra et livre encore à la matière, ayant besoin, pour être fécondé, du capital, c'est-à-dire du travail d'hier, il s'ensuit logiquement que celui qui n'a que son travail est l'esclave de celui qui possède ; et toutes les constitutions politiques qui garantissent la liberté individuelle ne peuvent rien contre ce fait économique : celui qui n'a rien doit vendre son travail à celui qui peut le faire fructifier. Ce n'est que lorsque le capital, devenu la propriété collective des travailleurs associés, ne sera plus un privilège pour personne, que la liberté sera un fait réel. On nous objectera que l'ouvrier, en livrant son travail, peut en marchander le prix, et, si les conditions qu'on lui offre ne lui conviennent pas, refuser ses services : erreur ! Le capital, étant le seigneur tout-puissant, fait partout la loi sur le marché général ; la nécessité oblige le travailleur à accepter les conditions qui lui sont offertes, autrement il a la liberté... de mourir de faim.

De la position qu'occupent le travail et le capital, il résulte que les détenteurs des capitaux, soit qu'ils les prêtent ou qu'ils les fassent fructifier eux-mêmes, réclament, pour les services que leurs capitaux rendent à la production générale, une rente quelconque leur permettant d'accumuler à leur profit les richesses dues aux efforts combinés du travail et du capital, et de vivre ainsi dans une oisiveté plus ou moins complète, ce qui est contraire à ce principe de justice économique : puisque chacun consomme, chacun doit aussi produire. Ainsi les travailleurs, après avoir constitué ces capitaux, doivent encore en payer la rente, de sorte qu'ils n'ont qu'une partie des fruits de leur travail, qu'on appelle salaire, et que le reste va, sous les noms de bénéfices, dividendes, intérêts, etc., grossir la poche de ceux qui font travailler.

Qui est-ce qui détermine la part revenant au travail, à l'ouvrier, au salarié, et celle revenant au capitaliste, à l'entrepreneur, au fabricant, au patron? — Les économistes répondent: C'est la loi de l'offre et de la demande, contre laquelle il est inutile de se révolter puisqu'elle est une loi naturelle. Nous acceptons cette réponse, mais avec la réserve suivante: comme ce sont les capitalistes qui ont entre les mains toute la puissance sociale, ce sont eux qui règlent l'offre et la demande, de sorte que les travailleurs doivent nécessairement subir la loi du plus fort; c'est donc en définitive le capital qui fixe le prix du travail, qui détermine les salaires.

Telle est la position générale qui est faite aux classes ouvrières: en disant que le travail est l'esclave du capital, nous sommes dans le vrai.

*
* *

Examinons un instant la position particulière de l'industrie horlogère; si nous nous y arrêtons spécialement, quoique ce Manifeste s'adresse aux ouvriers de tous les métiers, c'est que du degré de prospérité ou de décadence de l'horlogerie dépend en grande partie le bien-être ou le malaise des populations de nos districts. Nous ne pouvons entreprendre, dans ce travail, l'histoire de l'industrie horlogère dans nos montagnes; mais un simple raisonnement nous démontre que plus elle occupait de bras, plus elle rendait nécessaire l'introduction de nouvelles industries, augmentait le cercle de l'activité industrielle et commerciale, et devenait ainsi une source de prospérité générale.

L'horlogerie a eu, pendant un temps, une période comme peut-être aucune industrie n'en aura jamais. Ses produits, recherchés partout comme objets de luxe et d'utilité, n'alimentaient pas encore la spéculation mercantile ; les relations entre le capital et le travail n'avaient pas ce cachet d'antagonisme qu'elles ont, en général, dans l'état social actuel ; ayant besoin l'un de l'autre, le capital et le travail traitaient d'égal à égal, et la condition moyenne des fabricants n'était guère plus à envier que celle des ouvriers ; les mœurs étaient l'image des conditions économiques, tout le monde était ami. Mais il devait arriver à l'horlogerie ce qui est arrivé ou arrivera à toute industrie occupant peu de bras et n'utilisant aucune machine. Voici en effet ce qui se passe : Si ses produits sont utiles et nécessaires, l'industrie impose les conditions qui lui conviennent sur le marché général, d'où découlent logiquement une rétribution élevée et des conditions de vie très faciles pour tous les employés à la dite industrie ; et ces conditions avantageuses sont précisément la cause qu'à un moment donné, alors qu'elles sont généralement connues, les bras viennent s'offrir en grand nombre dans l'industrie prospère.

Si nous vivions sous un système d'équilibre économique, c'est-à-dire qu'au moyen d'une organisation du travail on pût constamment établir une statistique sur les conditions des différentes industries, sur l'offre et la demande, l'état prospère d'une industrie n'entraînerait jamais aucun danger pour son avenir, puisque tous seraient au courant des besoins de la consommation, du nombre des bras déjà employés dans la production, et sauraient, par conséquent, s'il est réellement avantageux de porter son activité de ce côté ; mais dans l'état d'anarchie industrielle où nous sommes, chacun croit trouver son profit dans une surabondance de bras. Les fabricants calculent qu'en occupant un plus grand nombre d'employés, et en livrant à la circulation d'autant plus de produits, ils augmenteront le chiffre de leurs bénéfices; c'est ce qui arrive pour quelque temps, en effet; mais les produits dépassent bientôt les besoins de la consommation, qui impose alors aux fabricants les conditions qui lui plaisent. Les travailleurs, croyant arriver à une meilleure condition, s'étaient jetés en masse dans l'industrie qui offrait des salaires supérieurs, mais bientôt la concurrence les oblige à baisser les prix; une partie d'entre eux s'en vont ensuite porter leur industrie dans des contrées où les conditions de la vie sont plus faciles, et achèvent ainsi de lui enlever les derniers restes de sa prospérité passée. Tombée à ce point, une industrie ne se soutient plus qu'en produisant en vue de la spéculation, et c'est en inondant le marché général de produits inférieurs qu'on cherche à réédifier les fortunes menacées; dans ces conditions-là il suffit d'une crise politique, de quelques mauvaises spéculations, pour plonger dans une misère complète des populations entières.

Cette double phase de progrès et de décadence, peu d'industries l'ont si profondément ressentie que l'horlogerie, et la longue crise que nous avons dû subir ces dernières années pourrait être aussi l'histoire de toutes les souffrances qu'entraînent après eux ces bouleversements industriels. L'histoire particulière de chaque famille, de chaque individu, est assez présente à la mémoire de tous pour qu'il devienne inutile d'insister sur les conséquences qui résultèrent, pour le pays, de la crise horlogère, que presque tous considèrent comme terminée. Le travail abonde, les prix tendent à se relever, les positions financières s'améliorent insensiblement, le courage moral paraît renaître dans les cœurs; l'on semble oublier le passé et se soucier peu de l'avenir.

Notre industrie est-elle réellement rentrée dans un état normal? l'abondance du présent est-elle bien assurée?

sommes-nous certains de l'avenir? — Tant que l'équilibre entre la production et la consommation n'est pas établi, une industrie n'est pas dans un état normal ; ce sont les spéculations financières et mercantiles qui nous procurent aujourd'hui une surabondance de travail ; demain le caprice d'un souverain peut arrêter court les transactions commerciales et paralyser l'industrie ; dès lors quelles garanties avons-nous pour notre existence ?

Nous oublions trop facilement le passé, revenons-y.

A l'époque où commença la crise, si de vastes associations ouvrières eussent existé, la position ne serait jamais devenue aussi critique, et une résistance sérieuse eût pu être opposée à l'introduction d'un trop grand nombre d'apprentis, à l'avilissement des salaires, aux différents modes de paiement qui ont exercé une funeste influence sur l'industrie. Mais les choses étant comme elles étaient, de quel droit, par exemple, faisons-nous un crime à un père de famille d'avoir préféré nourrir ses enfants avec les fruits d'un travail moins rémunéré, plutôt que de les laisser mourir de faim ? Il eût fallu pouvoir dire à chaque ouvrier : Tiens, voilà pour nourrir ta famille, mais n'accepte pas des conditions désastreuses pour notre avenir commun.

Le passé de notre industrie est plein de précieux enseignements dont nous devons absolument profiter. L'histoire particulière de l'horlogerie, comme la position générale faite aux classes ouvrières par le capital, commandent impérieusement une prompte organisation.

Il y a longtemps que les ouvriers des pays les plus industrieux ont compris qu'une pareille position pouvait être modifiée, si les travailleurs s'unissaient et opposaient aux prétentions des patrons, des fabricants, des entrepreneurs, des capitalistes, des spéculateurs, la puissance de l'association. Ce qui, en définitive, fait la force des détenteurs des capitaux, c'est que le capital, représentant une chose, peut être consommé ou échangé contre des objets consommables : qu'étant concentré en plus ou moins grande quantité dans une seule main, celui qui le possède a toujours une ressource et peut, au besoin, du moins pendant un certain temps, ne pas livrer ses capitaux au travail, tandis que celui-ci, représentant une personne, — l'ouvrier prolétaire, — doit toujours se livrer afin de sauvegarder son existence. Que les ouvriers se concertent entre eux, et les prétentions des privilégiés rencontrent déjà une opposition ; qu'ils constituent des caisses communes, et les patrons se trouvent en présence, non pas d'une puissance égale à la leur, mais d'une force déjà respectable cependant. Il a été constaté qu'un seul travailleur ne peut rien contre les forces centralisées du capital ; or, en s'unissant tous, il est évident que les travailleurs contrebalanceront les conséquences de l'isolement : ceci n'est pas seulement une affirmation théorique, mais des faits pratiques nous confirment dans cette manière de voir.

Dans toutes les industries, dans tous les pays, les patrons, grands et petits, comprenant que les travailleurs isolés n'avaient aucune puissance de résistance, tendent à une baisse continuelle des salaires, soit qu'ils y soient poussés par les besoins d'une concurrence qui s'exerce au détriment du travail, soit que, désireux de s'enrichir toujours davantage, ils ne trouvent rien de mieux que d'assouvir leur cupidité en exploitant de plus en plus leurs salariés. L'accroissement du paupérisme a sa principale source dans ce fait. L'extrême misère a fait germer dans la tête des prolétaires l'idée d'association, et c'est l'état misérable des populations ouvrières qui a donné naissance à une organisation créée dans le but de solidariser et de défendre les intérêts communs. Ne cherchons donc plus l'origine des associations ouvrières dans le cerveau exalté de quelque grand bienfaiteur de l'humanité, ni même dans la propagande socialiste, car on a vu de grandes associations prospérer et se développer avant que le socialisme ne fût annoncé aux masses, et si, aujourd'hui, les associations tendent à se généraliser, c'est que la nécessité oblige les ouvriers à profiter des enseignements socialistes.

Toutes les formes d'association sont-elles aptes à sauvegarder les intérêts du travail et à contrebalancer la puissance d'exploitation du capital ?

Nous n'avons pas à nous occuper, dans ce travail, des sociétés coopératives, qui nécessiteraient une étude spéciale très étendue, pour la raison bien simple que, dans les conditions économiques actuelles, elles ne peuvent exercer qu'une influence très restreinte sur la position sociale du prolétariat, et que nous devons rechercher un mode d'organisation embrassant les intérêts de tous les travailleurs salariés. Nous ne nous arrêterons pas davantage, d'une manière étendue, sur les sociétés de secours mutuels pour cas de maladie, parce qu'elles ne peuvent avoir aucune influence sur les relations entre le travail et le capital. Est-ce à dire que nous les condamnions ? Nullement, puisque d'abord elles sont un excellent moyen de constituer un capital social ; qu'elles établissent une certaine solidarité entre les membres qui les composent ; qu'elles peuvent être un palliatif très efficace pour remédier à certaines misères résultant d'une trop longue maladie. Mais c'est là tout leur mérite : œuvres essentiellement philanthropiques, elles ne peuvent produire que ce qu'a produit la philanthropie elle-même, éterniser la misère en se bornant à la soulager.

La forme d'association que nous devons étudier essentiellement, c'est la *caisse de résistance*.

*
* *

La question des caisses de résistance préoccupe vivement ceux qui étudient la question sociale, et intéresse au plus haut degré la classe ouvrière, non seulement par l'influence qu'elles exercent sur la position actuelle des salariés, mais aussi par le rôle qu'elles sont appelées à remplir dans l'avenir.

Qu'est-ce que la société de résistance ?

C'est cette forme de l'association par laquelle les ouvriers créent un capital en vue du maintien des salaires, ou plutôt en vue de résister collectivement aux exigences du patronat et du capital, et d'opérer toutes les améliorations que réclame leur position de salariés.

D'où viennent les sociétés de résistance ?

Elles sont nées partout où la misère a poussé les ouvriers à rechercher les moyens de l'atténuer. A l'union pure et simple des cœurs, les ouvriers ont ajouté l'union des intérêts, en cela plus pratiques et plus sages que maints philosophes qui veulent absolument tout réformer par le simple sentiment. La première forme de l'union des intérêts s'est manifestée par la société de secours mutuels ; mais si l'ouvrier était secouru en cas de maladie, son travail ne se trouvait protégé en aucune façon, et son salaire se réduisait peu à peu à des proportions tellement minimes, qu'il lui devenait impossible de vivre dans des conditions normales, tandis que les chefs industriels s'enrichissaient et devenaient de plus en plus exigeants. Alors, réduits à l'extrémité, les ouvriers, dans les pays où l'industrialisme s'est le mieux développé, où les relations entre le capital et le travail, entre le patronat et les ouvriers, se sont le mieux accentuées, ont répondu, à la guerre économique que leur faisaient les patrons, par la défense énergique de leurs droits à l'existence.

La grève, ce fruit, non pas des caprices ouvriers, des intrigues des associations, mais d'un état de choses basé sur l'antagonisme des forces économiques, faisait son apparition et obligeait souvent le patronat à compter avec les ouvriers. Mais des luttes stériles apprirent bientôt aux ouvriers qu'il fallait, de même qu'une armée n'entre pas en campagne sans s'y préparer, s'organiser en vue des grèves ; cette nécessité d'organisation se fit surtout sentir alors qu'après avoir réussi à obtenir des patrons quelques améliorations, les ouvriers reperdaient bientôt les fruits de ces luttes pénibles, faute de pouvoir se défendre contre des empiètements nouveaux. C'est que, de même que le capital fait une guerre continuelle au travail, afin de lui extorquer tout ce qu'il peut, de même les capitalistes se font la guerre sur le marché général, parce que le capital tend logiquement, dans une société individualiste, à se concentrer toujours davantage en quelques mains : pour cela, le grand capital doit manger le petit, et cette concurrence se fait au détriment du travail, qui doit tout payer.

Les sociétés de résistance, au lieu d'être les instigatrices des grèves, en sont donc simplement la conséquence logique.

Toutes les déclamations ont été faites par les doctrinaires, économistes bourgeois et autres, contre la grève, *cette plaie sociale qui démoralise l'ouvrier, aigrit les relations entre patrons et employés et en fait des ennemis alors qu'ils devraient être comme père et fils*, etc. Nous n'avons pas à réfuter ici ces tirades sentimentales de gens intéressés à conserver l'ordre de choses actuel ; ce que nous devons faire, nous ouvriers, c'est de rechercher si le droit de grève doit exister pour nous, si la grève est une conséquence de l'état de guerre économique dans lequel nous vivons, et, enfin, si elle peut apporter quelques soulagements à notre position.

Personne n'a jamais contesté à un patron le droit de donner congé à un ouvrier ne remplissant pas les conditions qu'il en attendait. Chacun admet qu'un patron a le droit de chercher à réaliser le plus de bénéfices possibles, et qu'il peut refuser du travail à un ouvrier qu'il sait ne pas pouvoir lui en procurer assez ; en un mot, on accorde parfaitement au patron le droit de grève vis-à-vis de l'ouvrier ; mais comme nous vivons dans une société où la logique et la justice sont deux choses peu observées, ce droit qu'on accorde aux patrons, on le refuse aux ouvriers ; un ouvrier refusant d'accepter du travail à des conditions qui ne lui conviennent pas est un mauvais sujet ; s'il se met en grève, c'est un anarchiste ; si un certain nombre d'ouvriers se coalisent et cessent de travailler, le législateur a prévu le cas et, tout soucieux des intérêts bourgeois, interdit aux ouvriers le droit de coalition. Nous qui aimons les positions franches, et acceptons l'état actuel parce que nous y sommes contraints, nous disons : Un patron doit avoir le droit de refuser du travail à un ouvrier qui ne lui convient pas, mais un ouvrier doit également avoir le droit de refuser des conditions de travail que son intérêt lui commande de ne pas accepter ; d'où il résulte que des ouvriers se coalisant pour résister, par la grève, à des prétentions injustes ou pour réclamer les améliorations qu'ils jugent nécessaires, agissent d'après un droit incontestable.

La grève est-elle une conséquence de l'état économique dans lequel nous vivons ? — De l'antagonisme existant entre le capital et le travail, il résulte que tous deux cherchent, chacun de son côté, à avoir la plus grande part dans les résultats de la production obtenue par leur concours commun, d'où une guerre continuelle entre ces deux facteurs de la richesse sociale. La grève, éclatant, soit de la part des travailleurs, soit de la part des capitalistes, n'est que le résultat des relations entre le capital et le travail : que ces deux éléments soient unis, par le renoncement du travail d'hier, c'est-à-dire du capital, à prélever une part quelconque sur le travail d'aujourd'hui, et la grève disparaît de la société, comme la guerre politique disparaîtra par la fédération des peuples débarrassés de tous les tyrans et exploiteurs. Jusque-là, nous devons accepter la grève comme la dernière protestation du travailleur salarié contre le patronat et le capital.

La grève peut-elle apporter quelques soulagements à notre position ? Toutes les améliorations obtenues par la grève n'ont jamais eu d'effets durables, disent les économistes politiques, parce que les patrons sauront toujours profiter d'un moment favorable pour reprendre aux ouvriers ce qu'ils avaient dû leur concéder précédemment ; et, en outre, lorsque les salaires s'élèveraient dans toutes les industries, les ouvriers devraient rembourser, sur le prix des objets de consommation, ce qu'ils auraient obtenu par l'élévation des salaires. — Mais, en se mettant en grève, un corps de métier ne calcule pas, et, avec l'organisation aujourd'hui très incomplète de la classe ouvrière, ne peut pas calculer toutes les probabilités qui résulteront de la grève ; il agit d'après les *nécessités* du moment, parce que les patrons n'ont pas voulu faire droit aux réclamations collectives des ouvriers. Que la grève réussisse, il y a évidemment augmentation immédiate de bien-être pour l'ouvrier, et c'est là son but ; si elle échoue, il y a perte considérable pour toutes les parties intéressées. Mais dans les deux cas, une grève aboutit généralement à une organisation plus solide des ouvriers, ce qui leur permet dès lors de contrebalancer mieux l'influence et les exigences du patronat ; quant à prétendre qu'une augmentation des salaires, dans un métier, n'améliorerait en rien la position des ouvriers, parce que les salaires s'élèveraient bientôt dans toutes les autres industries, les économistes oublient que le travail n'est pas le seul élément qui fait aujourd'hui la valeur d'un produit, mais que le capital, représenté par la féodalité industrielle et mercantile, a souvent des exigences dépassant de beaucoup celles du travail ; pour que les ouvriers puissent élever les salaires dans toutes les professions d'une manière à peu près égale, il faudrait que tous les corps de métier fussent puissamment organisés, et alors, au lieu de continuer une lutte éternelle avec le capital, ils pourraient en supprimer radicalement tous les privilèges.

Nous reconnaissons parfaitement que la grève n'est pas un moyen bien efficace d'améliorer la position du prolétariat, mais c'est le seul moyen qu'il possède de se faire rendre justice, lorsque le patronat a des exigences compromettantes pour l'existence des ouvriers. On peut d'ailleurs parer aux effets funestes des grèves par une organisation ouvrière qui rende ces effets impossibles : c'est ce dont nous allons nous occuper.

* * *

Nous avons vu que les associations ouvrières sont nées de la nécessité où était le travail de se défendre contre les empiètements du capital ; il faut rechercher quel est le meilleur mode d'organisation. La société de résistance, ayant pour but la sauvegarde des intérêts ouvriers, s'organise entre les individus d'un même métier habitant la même localité ou un groupe de localités rapprochées ; comme tous les ouvriers de la même corporation ont des intérêts identiques, quels que soient la localité ou le pays qu'ils habitent, et que, pour défendre leurs intérêts professionnels communs, ils doivent continuellement se renseigner mutuellement, les sociétés d'un même métier se fédèrent entre elles, par région, puis internationalement. D'un autre côté, tous les ouvriers habitant la même localité, quelle que soit la profession qu'ils exercent, ont aussi des intérêts communs à sauvegarder : constituer la fédération locale des associations ouvrières, tel est le moyen de répondre à ce besoin d'union locale et de donner une nouvelle force aux efforts des différents corps de métier. Ce qui est une nécessité pour la localité, l'est aussi pour le pays, pour le monde civilisé; pour sauvegarder les intérêts généraux du prolétariat, il faut la fédération d'abord régionale, puis internationale, des sociétés de résistance; dès lors nous pouvons opposer l'organisation universelle du travail au capital centralisé entre les mains d'une aristocratie financière qui, elle aussi, opère internationalement.

Cette organisation des caisses de résistance, qui est loin d'être un fait actuellement, mais vers laquelle tendent les efforts de tous les ouvriers sérieux, n'est pas seulement une nécessité par le fait de la misère des populations ouvrières, mais elle est aussi la conséquence logique du développement économique de notre époque, et la seule condition possible du succès général. Une corporation isolée pouvait parfaitement lutter contre quelques petits patrons, n'ayant que leurs faibles ressources financières ; mais, ensuite de l'introduction des machines, de la division du travail, de la centralisation des capitaux, la grande industrie se substitue peu à peu à la petite, les patrons deviennent de grands capitalistes-entrepreneurs, constituent des compagnies financières qui accaparent tout : industrie, mines, commerce, banques, circulation, et même les gouvernements. Dès lors la société de résistance isolée n'a plus aucune force d'action devant la nouvelle puissance; mais à un fait on peut opposer un autre fait: les sociétés de résistance d'une même localité, en se fédérant, créent une puissance capable de lutter contre les exigences des patrons. Ceux-ci alors font appel à leurs compatriotes, pratiquent la solidarité nationale, et, la corruption aidant, on transporte, en cas de grève, les ouvriers d'une localité à l'autre pour remplacer les gréveurs: l'union nationale ou régionale des caisses de résistance devient alors d'une absolue nécessité. Le combat se poursuit plus loin: le capital abdique la patrie, opère sur le terrain international, s'empare du marché général, et, grâce aux moyens financiers et de circulation dont le capital dispose, les efforts des fédérations nationales se trouvent de nouveau paralysés. Internationaliser le travail, solidariser tous les intérêts ouvriers, former la fédération universelle des travailleurs, tel est le moyen de lutter avec efficacité contre le capital monopolisé.

L'Association internationale des travailleurs, en répondant à ce nouveau besoin, n'a pas été créée en vue de l'agitation socialiste, comme on le prétend généralement, mais elle n'est que le résultat du développement économique de ce siècle; si elle doit rechercher, dans l'expérience du passé et les événements de chaque jour, les moyens de défendre, dans les conditions actuelles, les droits du travailleur, elle doit aussi rechercher, dans le socialisme scientifique, les moyens de mettre fin à toute exploitation de l'homme par l'homme et d'établir le règne de la justice sociale. Nous ne voulons pas défendre ici l'Internationale contre toutes les attaques dirigées contre elle; nous croyons avoir suffisamment démontré que ce n'est que par l'union internationale des travailleurs que ceux-ci pourront contrebalancer les effets de l'union internationale des capitalistes; nous ne pouvons que conseiller à toutes les associations ouvrières d'y adhérer le plus tôt possible, et de ne pas attendre que la nécessité les y contraigne.

Il existe, à l'égard de l'Internationale, un préjugé très répandu et qui peut nuire considérablement à la cause ouvrière : suivant l'idée que s'en font encore beaucoup d'ouvriers, l'Internationale serait une Providence bienfaisante pour les ouvriers, elle n'aurait qu'à puiser dans ses caisses et répandre à profusion les ressources nécessaires pour alimenter les grèves, etc. Non ! l'Internationale n'est pas une puissance abstraite, elle n'a pas de coffres-forts garnis, mais elle est la résultante des forces et des ressources combinées des associations ouvrières fédérées internationalement. Plus les ouvriers y adhéreront en masse, et plus elle acquerra de puissance, plus l'organisation, la combinaison des forces économiques et sociales qu'elle contient sera facilitée pour le bien de tous.

∴

Il nous reste à examiner quels résultats nous pouvons obtenir, au moyen de l'organisation fédérative des associations ouvrières.

Les ouvriers, une fois organisés de la sorte, peuvent réclamer toutes les améliorations qu'ils jugeront nécessaires, le patronat devant rendre justice en présence de l'universalité des travailleurs, puisque, en refusant collectivement leur travail, ceux-ci enlèvent au capital sa valeur et sa puissance, à moins qu'il ne représente des objets immédiatement consommables.

Les ouvriers seraient d'autant plus certains de triompher toujours dans leurs revendications que, au moyen d'une organisation fédérative, ils pourraient être constamment au courant de tout ce qui se rattache à leur industrie particulière, avoir tous les renseignements possibles sur l'offre et la demande, sur le taux des salaires et le chiffre des heures de travail, sur le nombre d'ouvriers et d'apprentis employés dans les différentes localités, sur les ressources dont peuvent disposer les sociétés fédérées ; et, alors qu'un corps de métier croirait devoir réclamer une amélioration quelconque, avec tous ces renseignements il pourrait toujours choisir le moment où il serait sûr de réussir ; ajoutons que ce serait aussi le meilleur moyen de supprimer les grèves, sans pour cela sacrifier les droits et les intérêts des ouvriers.

Les améliorations à obtenir actuellement pourraient être les suivantes :

1° Opposition à la baisse des salaires et tendance à leur élévation graduelle. Arrivés à un certain degré, les corps de métier s'en tiendront là, parce que toute tendance à élever outre mesure les salaires compromettrait les résultats acquis ; les professions les moins favorisées, aidées par les autres, pourront alors travailler à élever leurs prix jusqu'au niveau des métiers privilégiés ;

2° La réduction des heures de travail est aussi l'un des points principaux dont peuvent s'occuper avec succès les sociétés de résistance fédérées : tant que l'ouvrier devra toutes ses forces, tout son temps, toutes ses facultés au travail manuel, il ne sera qu'une machine humaine ; il faut absolument, pour que l'ouvrier puisse remplir ses devoirs sociaux, qu'il ait le temps nécessaire à consacrer au développement de ses facultés intellectuelles ;

3° La question de la fixation du nombre des apprentis peut être résolue scientifiquement par les sociétés fédérées, et cela non pas au moyen de décrets tyranniques, empêchant aux jeunes gens l'apprentissage d'un métier et violant la liberté du travail, mais au moyen de statistiques générales sur la position et les besoins des différentes industries ;

4° L'introduction des machines, qui a eu lieu, jusqu'à ce jour, sans aucun égard pour la position des ouvriers, peut aussi être réglée, au moyen des caisses de résistance, de manière à sauvegarder les intérêts de tous. Il en est de même pour ce qui concerne l'hygiène dans les ateliers et les manufactures ;

5° Le travail des femmes, qui, aujourd'hui, fait une concurrence désastreuse à celui de l'homme, peut être relevé, au moyen de l'association ; nous ne pouvons, sans une injustice criante, sans une immoralité profonde, interdire à la femme le droit au travail, mais nous devons, sous peine de rendre inutiles nos efforts, travailler à ce que l'exercice de ce droit ne soit plus un danger pour nous, mais au contraire un gage certain de moralisation générale ;

6° Les associations coopératives de production peuvent s'organiser dans le sein des sociétés de résistance, sans qu'elles tendent à reconstituer un patronat collectif ; elles peuvent même, ainsi organisées, devenir un moyen d'augmenter la force d'action des entreprises plus générales, qui exercent une influence sur l'ensemble du prolétariat.

Telles sont les questions actuellement pratiques dont pourront s'occuper avec succès les associations ouvrières fédérées.

* * *

Citoyens !

Notre tâche est terminée : nous croyons avoir suffisamment démontré la nécessité d'une organisation ouvrière, les moyens pratiques pour que cette organisation serve réellement nos intérêts communs et particuliers ; il nous reste à vous engager à mettre sérieusement la main à l'œuvre. La question sociale, aujourd'hui, domine toutes les autres, parce que c'est la question du pain : le monde bourgeois et privilégié ne peut la résoudre, par la raison qu'il croit à la parfaite légitimité de l'état de choses actuel ; la classe ouvrière seule peut, par une étude complète de l'économie sociale, par une action suivie et générale, aboutir à une solution rationnelle. Ouvriers, ne comptons donc que sur nous-mêmes et organisons-nous, en vue de l'étude et de l'action communes.

Ouvriers horlogers ! Nous oublions les expériences du passé, nous ne nous préparons pas à subir de nouvelles crises ; les caprices d'une diplomatie intrigante, la découverte d'une machine et son introduction dans notre industrie, peuvent de nouveau produire une crise profonde, nous laissant sans travail ; comment alors résister aux conséquences de pareilles misères ? Songez-y bien, l'avenir n'est pas certain, tant que nous négligeons de sauvegarder notre existence au moyen d'une organisation générale. On ne fait rien de réellement pratique sans sacrifices pécuniaires : il faut donc profiter des époques où le travail ne manque pas, pour constituer les capitaux nécessaires à garantir l'existence de tous ; cette épargne que nous devons faire, dans l'intérêt commun, n'est pas un détournement des ressources de la famille, mais, au contraire, la seule condition possible qui permettra de vivre, en temps de crise, sans subir les angoisses de la misère. Pour que la pratique de la solidarité devienne une réalité, il faut des ressources financières que nous ne devons attendre que de nous-mêmes : que chacun apporte son obole à la caisse commune, et les droits de chaque travailleur seront toujours respectés.

Solidarité ! Oui, c'est en la pratiquant sur une grande échelle, dans toutes les circonstances de la vie ouvrière, que nous parviendrons à opposer, à l'ambition bourgeoise et capitaliste, une puissance capable de défendre avec succès les droits et la vie du travailleur. Malheureusement l'esprit de solidarité n'anime pas encore assez la classe ouvrière, et, si tous ne se réveillent promptement à cette vie nouvelle, le triomphe complet de la cause du travail sera d'autant plus retardé. Pour que la pratique de la solidarité porte tous ses fruits, il faut la régulariser, il faut une organisation ouvrière qui nous garantisse un appui énergique dans des cas bien déterminés, et aboutissant toujours au résultat voulu. Si les échecs que nous signale l'histoire contemporaine du mouvement social sont, en partie, dus au défaut d'une solidarité suffisante, on peut certainement en mettre une bonne part sur le compte du manque d'une organisation sérieuse. Que nous réclamions toutes les améliorations que nécessite notre position : c'est notre droit ! Que nous nous organisions puissamment de manière à toujours triompher dans nos revendications : c'est notre devoir ! Les sacrifices de toutes sortes que nous sommes appelés à nous imposer doivent absolument aboutir à des résultats pratiques, autrement ils ne sont qu'une aggravation de notre position ; et le moment est venu, après une époque de tâtonnement, de se mettre partout sérieusement à l'œuvre pour constituer la fédération universelle du travail associé contre le capital monopolisé. Que, dans toutes les professions, il se fonde une caisse de résistance ; que toutes les sociétés se fédèrent entre elles, par localité ou groupe de localités, par région, et enfin internationalement ; que chaque métier constitue, au sein de la grande famille, une fédération particulière, et nous aurons une organisation puissante et satisfaisant complètement les intérêts des ouvriers.

Le travail est commencé, il faut le compléter : plusieurs professions sont déjà organisées, que les autres les imitent, viennent compléter et fortifier la fédération ouvrière du Vallon de Saint-Imier, et nous pourrons attendre, avec plus de confiance, les événements que pourrait nous réserver l'avenir.

La Commission ouvrière se met à la disposition de toutes les personnes désireuses de prendre l'initiative de la fondation de sociétés de métiers, pour tous les renseignements relatifs à l'organisation des sociétés ouvrières.

La Commission ouvrière nommée à l'assemblée du 31 octobre 1869 :

CAGNON, Emile.
DIACON, Adamir.
EBERHARDT, Henri.
FLOTRON, Adolphe.
GOSTELY, Eugène.
HÆMMERLI, Arthur.
MÉGNIN, Charles.
ROSSEL, Georges.
SCHWITZGUÉBEL, Adhémar.

II

LES CAISSES DE RÉSISTANCE

Dialogue (1)

Pierre. — Dis-moi, Jacques, crois-tu que la pièce d'un franc que tu donnes chaque mois, pour la caisse de résistance de notre métier, ne serait pas plus avantageusement placée à la caisse d'épargne ?

Jacques. — Certainement, mon ami, à première vue il paraît que ce qui est déposé à la caisse d'épargne profite plus que l'argent versé dans une caisse de résistance ; mais si l'on réfléchit sérieusement à ce qu'est la condition de l'ouvrier et au but que se proposent les caisses de résistance, on s'aperçoit bien vite que ces dernières ont une utilité bien supérieure aux caisses d'épargne.

Pierre. — Cependant, ce que tu déposes à la caisse d'épargne t'appartient complètement, tu peux le retirer à chaque instant, et, à la fin de l'année, tu reçois, en intérêts, une certaine somme variable suivant le montant de tes dépôts ; tandis que ce que tu déposes à la caisse de résistance appartient à la société, et il se peut que jamais

(1) Extrait de l'*Almanach du Peuple pour 1871*.

tu ne sois dans l'obligation d'avoir recours aux subsides payés en cas de chômage, de maladie, etc., de sorte que tu ne retirerais ainsi aucun bénéfice de tes versements.

Jacques. — Ce sont là des raisons qui sont malheureusement encore adoptées par un grand nombre d'ouvriers, qui croient ainsi défendre leurs intérêts ; mais rien n'est aussi illusoire, au point de vue de l'amélioration du sort de l'ouvrier, que ce prétendu salut par l'épargne individuelle.

Pierre. — Eh bien, voyons, explique-moi donc quels sont les avantages que tu vois dans la caisse de résistance.

Jacques. — D'abord, comment se fait-il que tu puisses déposer, à la fin de chaque mois, une certaine somme à la caisse d'épargne? C'est simplement parce que le salaire que tu reçois contre ton travail est supérieur au montant des dépenses nécessitées par ton entretien. Tu te souviens que, depuis que nous travaillons ici, le taux de notre salaire n'a pas toujours été le même, que deux fois nous avons dû subir une baisse, et ce n'est que dernièrement que nous avons obtenu une augmentation. Tu te souviens encore que la seconde baisse que nous avons dû subir était tellement considérable, que tu avais été contraint de suspendre tes versements à la caisse d'épargne : tu vois donc par là que la possibilité d'épargner dépend, en première ligne, du salaire que reçoit un ouvrier.

Pierre. — J'admets tes raisons; mais notre volonté n'est pour rien dans la fixation des salaires ; lorsque le travail manque, les fabricants, les patrons ont toute facilité pour baisser les salaires ; lorsque le travail est abondant, ce sont les ouvriers qui, à leur tour, peuvent réclamer une augmentation.

Jacques. — Voilà précisément où tu te trompes, en croyant que la volonté des ouvriers n'est pour rien dans la fixation des salaires. Comment se fait-il qu'en temps de crise les fabricants et les patrons aient autant de facilité de baisser les salaires qu'ils accordent à leurs ouvriers? C'est que ceux-ci, pour la plupart privés de ressources, sont contraints, pour vivre, de travailler aux conditions qu'on leur offre ; de sorte qu'il suffit à un fabricant, pour baisser les prix dans une profession, de menacer les ouvriers les plus pauvres de leur retirer l'ouvrage s'ils ne consentent pas à le faire à un prix réduit ; ceux-ci, privés d'autres ressources, doivent nécessairement céder, et, à leur tour, ceux des ouvriers qui auraient d'abord facilement pu résister doivent subir aussi la baisse des prix, sous peine de ne plus être occupés ; c'est ainsi que le sort des ouvriers privilégiés — qui méprisent malheureusement trop souvent les moins favorisés qu'eux — se trouve, en fin de compte, solidaire de celui de ces derniers.

Pierre. — Je conviens que c'est ainsi que la plupart du temps la baisse des salaires a lieu, mais je ne vois pas encore comment les ouvriers pourraient intervenir efficacement pour l'empêcher.

Jacques. — Je vais te le démontrer, mon ami. Un fabricant se présente chez un ouvrier horloger et lui offre du travail (1) ; les prix ne conviennent pas à l'ouvrier, mais il a une nombreuse famille qui souffre ; il se dit : « Mieux vaut cela que rien ; je travaillerai une heure de plus par jour, et mon budget sera toujours le même ». Mais, au lieu d'être ainsi isolé et délaissé de tous, supposons que cet ouvrier appartienne à une société de résistance ; lorsque le fabricant se présente chez lui, l'ouvrier a une autre alternative que le plus complet dénuement s'il n'accepte pas les conditions qui lui sont offertes; il sait que s'il manque

(1) Dans ce temps-là, la plupart des ouvriers horlogers travaillaient chez eux, et non dans un atelier ou une manufacture.

de travail, pour en avoir refusé à des prix réduits, il recevra chaque jour, de la part de sa société, un subside équivalent aux dépenses journalières de sa famille, et que tous ses co-associés refuseront, comme lui, des conditions jugées onéreuses pour les ouvriers.

Pierre. — Je commence à comprendre que les ouvriers, en se concertant et en se soutenant mutuellement, peuvent exercer une influence sur la fixation des salaires; mais il me semble que, dans ces associations, les bons ouvriers doivent être souvent dupes des fainéants qui n'aiment pas le travail, de sorte que je préférerais encore la caisse d'épargne; car, au moyen de l'épargne, celui qui en a réellement la volonté peut aussi se procurer quelques ressources pour les mauvais jours, de manière à n'être pas complètetement à la merci des événements; ce qui offrirait jusqu'à un certain point les mêmes avantages que la caisse de résistance, sans en avoir les inconvénients.

Jacques. — Tu es dans l'erreur, comme je te l'ai déjà dit. En temps de crise, ceux que tu appelles les bons ouvriers finissent toujours par souffrir autant que les imprévoyants; les exemples de ce que j'avance sont nombreux; je t'en rappellerai seulement un. Dans l'atelier de Monsieur H. travaillaient deux jeunes gens peu prévoyants; lorsque la crise éclata, ils furent les premiers à proposer au patron de travailler à prix réduits; les autres durent nécessairement céder aussi. Tu en concluras probablement à l'impossibilité de rien faire de sérieux avec des hommes pareils; c'est ce que nous allons examiner.

Tu ne peux certainement pas contraindre deux jeunes gens à faire des économies et à les placer à la caisse d'épargne; de sorte que, où la volonté n'est pas, il n'y a rien à faire par ce moyen. Avec le système des caisses de résistance, nous nous trouvons en présence de deux alternatives : ou bien nos deux ouvriers consentent à en faire partie, ou ils s'y refusent. Dans le premier cas, ils paient leurs cotisations et ont, par conséquent, droit à tous les subsides ; donc, tout est pour le mieux. Dans le second cas, il est de l'intérêt de la société et des membres qui en font partie de soutenir ces faux-frères en temps de crise.

Tu te révoltes contre cette idée ? Je comprends comme toi que c'est indigne, de la part de ces deux ouvriers, de recevoir des subsides sans avoir contribué à former le fonds commun ; des hommes pareils méritent la réprobation et non l'appui. Mais l'intérêt de tous exige que la société de résistance n'abandonne pas les deux individus en question, qu'au contraire elle leur *donne gratuitement* des subsides, afin qu'ils ne soient pas contraints par la misère à accepter des conditions de travail funestes à tous. Et il faudrait, crois-moi, que ces ouvriers imprévoyants fussent bien endurcis ou bien stupides, pour ne pas sentir, après avoir reçu l'*aumône* de la caisse de résistance, que leur devoir est d'y adhérer aussi pour supporter leur part des charges qu'elle impose à ses membres pour le bien de tous.

Voilà comment la caisse de résistance, en s'occupant de sauvegarder les intérêts généraux d'une profession, est supérieure à la caisse d'épargne.

Pierre. — Il est vrai que, par ce moyen, les ouvriers arriveraient à mieux défendre leurs intérêts, mais il faudrait pour cela que chacun entrât dans la société de résistance de son métier.

Jacques. — Il n'est nullement besoin que tous adhèrent en commençant ; il suffit que quelques-uns prennent l'initiative. Le reste finira toujours par comprendre qu'il ne s'agit plus ici *du dévouement généreux de quelques-uns*, mais de la sauvegarde des intérêts de tous, par le concours de chacun.

2*

Pierre. — Ecoute, ami Jacques, je n'avais jamais sérieusement réfléchi à ces choses ; je vois maintenant que tu as raison, aussi tu me feras le plaisir de me présenter comme adhérent à la première assemblée de la société de notre métier.

III

LES PARTAGEUX (1)

Occupez-vous de réformes sociales, dites que vous êtes socialiste, cela suffit pour qu'un grand nombre de personnes vous traitent de *partageux*.

Rien n'est si peu fondé que cette accusation formulée contre le socialisme, de vouloir un partage des biens ; aussi ceux qui l'ont inventée ne donnent-ils jamais aucune preuve de ce qu'ils avancent. Du reste cela leur serait difficile. Aucun des auteurs socialistes, dans ses projets de réformes, n'a conclu au partage ; les associations ouvrières, qui sont aujourd'hui les représentantes du socialisme populaire, n'ont jamais, dans leurs congrès, adopté une résolution demandant un partage.

La vérité est que la réaction bourgeoise cherche, au moyen d'accusations mensongères, à soulever contre le progrès les instincts égoïstes des masses. Chaque fois qu'un projet de réforme a été formulé, les partisans du fait établi, les privilégiés de toute sorte se sont d'abord servis de la calomnie pour déconsidérer l'idée naissante ; les masses ignorantes, peu habituées au raisonnement suivi, devaient être abusées par tous les jésuitismes, et le *statu quo* restait toujours l'idéal de la majorité du peuple.

(1) Extrait de l'*Almanach du Peuple pour 1871*.

Le socialisme, qui est la négation absolue des privilèges économiques de la bourgeoisie et l'affirmation de l'égalisation sociale des classes (1), par l'organisation du travail, de l'échange et des services publics, sur des bases garantissant les droits de tous les êtres humains, devait nécessairement déchaîner contre lui toutes les passions bourgeoises.

A l'étude scientifique des phénomènes de l'économie sociale et de la vie politique, par laquelle procédèrent les classes ouvrières pour formuler leurs aspirations, les classes gouvernantes et privilégiées répondirent par de ridicules et stupides attaques.

La plus mensongère de ces attaques, mais celle qui était appelée à exercer le plus d'influence sur le peuple des campagnes contre le socialisme, était cette tendance qu'on lui prêtait faussement de n'aspirer qu'à un nouveau partage des biens.

Remarquons, avant tout, que presque tous ces accusateurs ne possèdent aucune des notions élémentaires de la science sociale : leur raisonnement sur les rapports du travail et du capital et, en général, sur ce qui se rattache à l'économie, le prouve suffisamment ; ne connaissant rien de ce qui est le fondement du socialisme, comment en raisonneraient-ils sainement ?

Enfin, autre observation, qui devrait mettre en garde les ouvriers contre le jugement des ennemis du socialisme : tous, sauf quelques misérables vendus et quelques pauvres abusés, appartiennent aux classes privilégiées.

Les uns sont patrons, commerçants, banquiers, grands fabricants, propriétaires ; les autres notaires, avocats, membres d'un pouvoir judiciaire ou politique quelconque ; quelques-uns appartiennent au clergé.

(1) Cette expression d'*égalisation sociale des classes*, qui était alors employée souvent, équivalait à celle d'*abolition des classes*.

Que sont en définitive tous ces gens-là ?

Tous, volontairement ou involontairement, sont des exploiteurs du travail ; ils absorbent la plus belle part de la richesse sociale ; chaque jour ils procèdent au *partage*, en gardant pour eux la part du lion !

Le patron, qui se glorifie de la richesse qu'il a acquise par son travail, ne jouit de la fortune que grâce à un système de *partage* connu sous le nom de *réalisation des bénéfices dus à une entreprise industrielle*, système consistant à ne payer à l'ouvrier, sous le nom de salaire, qu'une partie du produit de son travail et à mettre dans sa poche le surplus.

Le commerçant ne fait fortune qu'en prélevant sur les consommateurs un impôt, connu sous le nom d'*indemnité payée au négociant pour son travail et les chances de perte qu'il court ;* indemnité qui, en réalité, n'est que l'exploitation du peuple par une caste mercantile.

La banque, qui vit de l'agio, de l'usure, voit s'engouffrer, chaque année, dans ses coffres une notable partie des fruits du *partage* organisé par la féodalité financière, industrielle et commerciale au grand détriment de la classe ouvrière.

Les grands fabricants, les propriétaires des usines, des mines, des chemins de fer, du sol, constituent cette haute bourgeoisie accaparant le fonds commun et *partageant* sans cesse les produits du travail social, de manière à avoir pour elle toutes les jouissances morales, esthétiques et matérielles et à ne laisser aux travailleurs que le dénuement, le paupérisme.

Puis viennent les « sauveurs » de l'ordre et de la société, qui méritent aussi leur part de gâteau : huissiers, notaires, avocats, juges, greffiers, présidents ; tous se précipitent avidement dans l'arène et réclament leur portion dans le *partage ;* le peuple sait combien elle est grosse.

Tout n'est pas fini.

Il y a les « autorités » locales, préfectorales, cantonales, fédérales, qui fabriquent des décrets et des lois grâce auxquels le privilège se trouve protégé et conseillé ; et, comme tout travail mérite salaire, maires, préfets, conseillers d'Etat et conseillers fédéraux participent au *partage*.

Il manquait quelque chose de plus sombre au tableau : La robe noire du pasteur et du curé s'use vite, et il n'est plus de mode d'aller pieds nus comme au temps des apôtres ; pour le paiement de ses sermons, le prêtre, protestant ou catholique, prendra part au *partage.*

C'est à ces classes qu'appartiennent tous ces gens qui sont si prompts à formuler des accusations contre le socialisme ; et le peuple, tout en payant la note, prête complaisamment l'oreille à leurs mensonges et repousse toute réforme sociale !

C'est que l'éducation du peuple est faite de manière à le rendre avant tout adorateur du fait établi, et ne concevant de progrès que ce que ses seigneurs et maîtres jugeront à propos de lui permettre. Seulement, ce que les corrupteurs du sens moral, chez le peuple, n'avaient pas prévu, c'est que le paupérisme extrême devait un jour devenir révolutionnaire.

Nous en sommes là aujourd'hui.

Que veulent ces classes ouvrières qui parlent de réformer la propriété, de réorganiser la société de fond en comble ? Qu'est-ce en un mot que le socialisme ?

L'histoire de l'économie politique et sociale en mains, le socialisme affirme que la source de tous les abus sociaux est dans l'appropriation, par une minorité, de toute cette partie du *capital naturel et social* qui est indispensable au travail pour qu'il puisse produire ; que cette appropriation individuelle est la cause du paupérisme croissant, parce qu'elle contraint les travailleurs, pour vivre, à vendre leur travail aux conditions qui plaisent aux détenteurs du capital ; que, par conséquent, il n'y a pas d'autre remède au mal signalé que de faire entrer à la propriété collective toute cette partie du capital qui représente l'instrument de travail, de manière à ce qu'il soit garanti à *tous* les travailleurs.

Ceux-ci, dès lors, au lieu d'avoir à *partager* chaque jour avec les exploiteurs de tous genres, pourront jouir de *tous* les fruits de leur travail.

IV

L'ASSOCIATION INTERNATIONALE DES TRAVAILLEURS (1)

Cette association, fondée à Londres en septembre 1864 par les délégués ouvriers des pays les plus industrieux, a pris, en quelques années, de telles proportions, qu'elle préoccupe partout et les gouvernements et la bourgeoisie.

Il y avait bien eu dans l'antiquité Spartacus, et au moyen âge les Jacques ; les temps modernes avaient même entendu retentir le cri de : *Vivre en travaillant ou mourir en combattant*, et plus tard celui de : *Du pain ou du plomb;* mais jamais dans l'histoire on n'avait constaté ce fait : les prolétaires de tous les pays se groupant pacifiquement pour étudier et discuter les causes fondamentales du paupérisme, ainsi que les moyens propres à y remédier radicalement.

... En Europe et en Amérique, depuis longtemps, les ouvriers avaient formé des associations dans le but de se soutenir mutuellement en cas de maladie, de chômage, etc. Ces associations avaient un caractère local ou national, et durent maintes fois entrer en lutte avec les patrons pour

(1) Extrait de l'*Almanach du Peuple pour 1871*. — Cet exposé historique étant un peu long, et n'offrant pas partout le même intérêt, nous y avons fait quelques coupures, et resserré un peu le texte en divers endroits.

défendre les intérêts de leurs membres, le patron étant naturellement porté à payer ses employés le moins cher possible. La diminution des salaires se fait surtout dans les temps de crise, alors que les bras des travailleurs s'offrent en grand nombre aux capitalistes et aux patrons.

L'expérience apprit bientôt aux travailleurs la cause de la baisse des salaires, et l'extrême misère où ils se trouvaient les obligea de songer à remédier au mal. Ils fondèrent leurs sociétés de résistance...

Le sentiment du droit se développait de plus en plus au sein des classes ouvrières ; les caisses de résistance, soutenues par le plus grand nombre des ouvriers, devenaient puissantes...Concevant leur position sous un nouveau jour, les ouvriers réclamèrent l'augmentation des salaires et la diminution des heures de travail. Les grèves devinrent de plus en plus fréquentes ; la solidarité entre ouvriers du même pays était si puissante que l'avantage leur restait presque toujours. Cependant, les communications internationales étaient devenues tellement faciles que, dans quelques heures, les patrons pouvaient appeler d'un pays voisin les ouvriers pour remplacer ceux qui se mettaient en grève. Ce cas se présenta dans plusieurs grèves importantes, et fut la cause de plusieurs insuccès des ouvriers. C'est là ce qui détermina la fondation de l'Association internationale des travailleurs.

En outre, les idées modernes, pénétrant les masses populaires, portaient les travailleurs des différentes nations à ne plus se considérer comme ennemis les uns des autres malgré les différences d'origine ; et la communauté des souffrances et l'identité des intérêts devaient faire des classes ouvrières de tous les pays un seul corps social.

Les délégués des classes ouvrières se réunirent annuellement, à partir de 1866, en Congrès généraux, et là s'opéra un double travail : développer, fortifier l'organisation générale du prolétariat, et formuler, au moyen de résolutions, les aspirations générales des travailleurs.

L'organisation fédérative des caisses de résistance apparut à tous comme le moyen le plus pratique d'assurer le succès au travail dans les luttes qu'il a à soutenir contre le capital. Mais on comprit aussi que, pour ne pas tourner éternellement dans le même cercle, il était nécessaire de supprimer la cause de l'antagonisme existant... Pour faire cesser cet antagonisme, il faut que l'instrument de travail, le capital, soit mis à la disposition du travail sans que celui-ci en soit l'esclave ; en d'autres termes, il faut réformer le système de propriété.

Lorsque cette question fut abordée dans les Congrès généraux, deux systèmes se trouvèrent en présence : le *mutuellisme* et le *collectivisme*.

La théorie mutuelliste, qui se réclamait de Proudhon, voulait fonder l'organisation sociale, non pas sur la propriété, mais sur le crédit : cette organisation, due à l'initiative des producteurs, se créditant mutuellement et se garantissant l'échange de leurs produits, aboutissait à la gratuité du crédit et à l'échange à prix de revient... Quelques-uns des disciples de Proudhon tentèrent dans les Congrès de faire prévaloir le mutuellisme, mais ils restèrent en minorité.

Le système collectiviste, qui prévalut dans l'Internationale, peut se résumer comme suit : La richesse naturelle est inaliénable ; une appropriation individuelle de cette richesse ne peut être légitimée par la science ; seule la nécessité sociale a pu la justifier dans le passé ; aujourd'hui cette nécessité a disparu... L'appropriation individuelle de la richesse industrielle ne peut pas être légitimée davantage : il est bien positivement constaté, par la science économique, que toute richesse, tout capital ne peut être que le fruit du travail *collectif*, combiné avec les forces naturelles... Tel est, en résumé, le point de départ du *collectivisme*; dans ses conséquences pratiques, il n'aboutit nullement, comme le prétendent des gens mal intentionnés, au communisme absolu (1), mais sa formule est celle-ci : *Appropriation, par la collectivité sociale, du fonds, de l'instrument de travail; garantie à l'individu des produits de son travail personnel.*

Les conséquences de la propriété collective ne peuvent être autres que celle-ci : suppression de toute exploitation de l'homme par l'homme, par la concession accordée, à chaque producteur, du capital nécessaire pour faire valoir son travail ; et élévation de la richesse sociale au maximum, par l'organisation complète de la force collective.

Tels sont, en résumé, les principes collectivistes. En se prononçant pour eux, l'Internationale s'est mise en opposition radicale avec la société bourgeoise fondée et développée sur le principe individualiste ; elle s'est faite révolutionnaire.

A quelle époque verrons-nous la réalisation pratique de ces principes ? Quels moyens les classes ouvrières devront-elles employer pour cette réalisation ?

Les événements décideront de l'époque des grandes luttes révolutionnaires ; tâchons d'être prêts, afin que, lorsque le moment viendra, le prolétariat organisé se trouve à la hauteur de la mission historique qu'il doit accomplir.

Quant aux moyens, deux courants d'idées se manifestent dans le sein de l'Internationale. Les uns veulent s'emparer de l'Etat actuel et le modifier graduellement jusqu'à ce qu'il soit la fidèle expression des besoins des travailleurs. Les autres veulent supprimer, tout d'abord, l'organisation politique et juridique, de manière à enlever toute garantie publique aux privilèges économiques de la bourgeoisie et à dés-

(1) Le « communisme » dont parle Schwitzguébel pour le rejeter est le communisme utopique et autoritaire de Cabet et de quelques autres.

organiser ainsi complètement l'ordre social actuel ; puis reconstituer les communes et les fédérer internationalement, en procédant à cette organisation nouvelle par l'initiative du peuple lui-même.

Le prochain Congrès général montrera quel est celui de ces deux courants d'idées qui aura la majorité parmi les travailleurs (1).

Que la bourgeoisie ne se réjouisse pas des divergences d'opinion qui se manifestent sur ce point dans l'Internationale. Tous marchent au même but : affranchissement complet du travail, ce qui revient à dire, pour les temps actuels, suppression de toute exploitation, de toute domination bourgeoise.

Et vous, compagnons, qui êtes restés en dehors du mouvement, votre concours est précieux dans l'œuvre générale. Repoussez avec indignation ces hommes qui vous ont égarés en répandant la calomnie, et acceptez la main fraternelle des ouvriers de tous les pays. Plus le concours des opprimés deviendra général et sérieux, plus vite aussi sonnera l'heure de l'affranchissement.

Les bourgeois, nos maîtres, crièrent au moyen âge : *Commune! Commune!* Prolétaires, reprenons ce cri ; mais que, sortant de nos poitrines, il signifie, non pas la Commune des privilèges, mais la Commune égalitaire, la Commune du travail radicalement affranchi (2).

(1) L'Internationale avait eu, jusqu'à cette date, quatre Congrès généraux, ceux de Genève (1866), de Lausanne (1867), de Bruxelles (1868) et de Bâle (1869). Les événements politiques avaient empêché la réunion d'un Congrès en 1870; ils l'empêchèrent également en 1871. Le Congrès de la Haye, en 1872, ne fut qu'une comédie organisée par Karl Marx et les agents de sa dictature personnelle. Après la défaite de la coterie marxiste et le triomphe du principe de l'autonomie dans l'Internationale, les Congrès généraux recommencèrent à se réunir ; il y en eut encore quatre : à Genève (1873), à Bruxelles (1874), à Berne (1876) et à Verviers (1877).

(2) Ceci était écrit en novembre ou décembre 1870, par conséquent

L'Internationale peut et doit avoir des ennemis : l'égoïsme, l'ambition, la cupidité, l'imbécillité ne se sont jamais accordés avec les besoins réels de l'humanité. Marchons de l'avant, nous avons la *Justice* pour nous.

trois ou quatre mois avant le mouvement communaliste du 18 mars 1871. Mais déjà à Lyon, le 28 septembre 1870, et à Paris, le 31 octobre suivant, on avait parlé de *Commune*. L'idée était dans l'air.

V

LA GUERRE ET LA PAIX (1).

1.

Depuis quelques années, les peuples commençaient à s'animer au souffle régénérateur de la démocratie socialiste ; les classes ouvrières, naissant à la vie intellectuelle et morale, recherchaient scientifiquement les causes des désordres sociaux qui affligent encore l'humanité ; la solidarité humaine commençait à s'affirmer pratiquement ; une vaste organisation internationale allait bientôt relier entre eux les prolétaires de tous pays et de toutes professions ; la démocratie avait trouvé, en un mot, une base d'opération conforme aux tendances modernes, et une formule d'organisation générale qui devait tôt ou tard lui assurer le concours moral et matériel de tous les opprimés.

Le despotisme, sous toutes ses formes, craignait ce mouvement pacifique qui s'opérait au sein des masses populaires ; il avait compris que ce travail calme et profond aurait des conséquences bien autrement efficaces que les émeutes des rues. Il fallait, à tout prix, anéantir ce mouvement, avant qu'il n'éclatât, ou tout au moins le paralyser, en détournant l'attention publique des questions sociales.

(1) *La Guerre et la Paix*, par Adhémar SCHWITZGUÉBEL ; Saint-Imier, Propagande socialiste, 1871. Prix : 10 centimes.

La diplomatie raviva les haines de races qui s'éteignaient; des armées permanentes, habilement dressées aux boucheries humaines, ne demandaient pas mieux que de faire merveille et d'acquérir un peu de gloire ; instruments serviles des castes gouvernantes, on avait étouffé en elles le sentiment du droit pour leur apprendre à marcher à la voix d'un chef.

Des troupes innombrables, munies d'un matériel de guerre terrible, se sont ruées les unes sur les autres ; le choc a été épouvantable : le nombre des morts effraie l'imagination, les cris des blessés forment un concert infernal, de riches campagnes sont dévastées, des cités détruites, la misère, peut-être la famine, montre sa tête hideuse. — Quelle leçon les humains ont-ils retirée de ce jeu sanglant ?— On s'est généralement indigné, en voyant la « paix européenne » compromise par la volonté d'une diplomatie intrigante, on a maudit les auteurs de cette guerre qui arrêtait court l'essor industriel et commercial, on a pleuré sur le sort des victimes des ambitions dynastiques, on a souscrit pour soulager les blessés, les familles des sacrifiés ; puis est venue la fin honteuse de l'empire de Bonaparte et la proclamation de la République ; la Prusse militaire a continué de faire la guerre à la France républicaine, comme si le peuple était responsable des crimes de ses gouvernants.

Aujourd'hui, les uns désirent la victoire de la République française, parce qu'ils sympathisent avec les idées républicaines ; les autres, le triomphe des armées prussiennes, parce qu'ils voient dans la jeune République la Révolution européenne, et qu'ils craignent cette révolution ; mais le grand nombre, au fond, désire que cela finisse vite, pour que chacun puisse reprendre ses occupations habituelles en toute sécurité.

Cette guerre, comme toutes celles qui l'ont précédée,

n'est-elle pas le résultat logique de l'organisation sociale actuelle, et, au lieu de perdre notre temps à formuler des désirs de pacification, n'avons-nous pas à rechercher d'une manière approfondie les causes premières de ces désastres périodiques, ainsi que les remèdes capables d'y mettre fin pour toujours?

Hommes de la pensée et de l'action, ce n'est pas par de pieux désirs que l'on remédie au mal. A l'œuvre donc, chacun suivant ses facultés !

2.

La cause qui apparaît premièrement à l'observation de tous ceux qui, ne se contentant pas d'accepter passivement les faits, en recherchent les causes pour en déduire les moyens propres à combattre ces faits s'ils sont nuisibles, cette cause immédiate des guerres est certainement l'organisation militaire.

Nous n'avons pas à insister longuement sur ce fait. La constitution d'une armée n'a sa raison d'être qu'en vue de la guerre offensive ou défensive ; pour être un véritable homme de guerre, il faut abdiquer l'idée du Droit humain, et ne plus avoir d'autre guide que le Devoir envers l'Autorité ; la première condition de la puissance d'une armée est la Discipline, ce qui implique soumission absolue de la volonté individuelle aux ordres du chef. En un mot, l'homme, en devenant soldat, abdique pour devenir machine.

La personnalité humaine, surtout dans l'époque de civilisation relative où nous sommes, ne s'annule cependant pas ainsi complètement ; si on enlève à l'individu le but moral, par lequel il cherche la complète jouissance de ses droits, il faut pourtant donner un élément quelconque à son activité morale. Le génie infernal du despotisme inventa pour le soldat la Gloire militaire, l'Honneur du drapeau.

C'était là satisfaire l'ambition qui germe au fond de tous les cœurs, donner une apparence noble et sacrée au dévouement que l'on exigeait du soldat, tout en forgeant l'anneau le plus solide de la longue chaîne par laquelle le despotisme retient les peuples en esclavage.

La vie monotone des casernes ne répondant pas au but, il fallait stimuler l'ardeur, les ambitions des armées, par l'espoir des grandes luttes, des victoires éclatantes remportées sur des armées rivales. Lorsque le défenseur du sol natal se trouvait ainsi transformé en brute sauvage, ne rêvant plus que carnage et pillage pour gagner un galon ou une épaulette, il ne restait plus qu'à pousser le cri : « Sus au Prussien ! Sus au Français ! » Tels étaient les mots d'ordre sauvages que se répétaient partout des hommes faits pour s'aimer, mais qui se haïssaient parce qu'on leur avait dit que la France en voulait à l'honneur, à la gloire de la Prusse, et *vice versa*.

Les guerres périodiques sont donc avant tout le produit, la conséquence forcée de l'organisation militaire.

3.

Cette organisation militaire, si funeste par ses conséquences aux intérêts de l'humanité, comment prit-elle naissance ?

Car si nous voulons découvrir toutes les causes des guerres, nous devons rechercher l'enchaînement logique des faits, c'est-à-dire que nous devons remonter aux causes fondamentales.

L'organisation militaire n'a pas d'autre cause première que l'exploitation de l'homme par l'homme. C'est ce que nous allons nous efforcer de démontrer.

Par le fait de l'inégalité physiologique existant entre les individus et du manque d'organisation économique dans la société humaine, les plus forts, les plus habiles devaient peu à peu concentrer entre leurs mains non seulement les produits de leur travail personnel, déjà supérieur à celui des faibles et des inhabiles, mais encore une partie, sinon la totalité, des fruits du travail de ces derniers, d'où résulta l'inégalité des conditions sociales, c'est-à-dire la constitution des classes.

Les classes privilégiées durent nécessairement donner une sanction quelconque à leurs privilèges, pour les préserver contre les attaques des exploités : la jurisprudence, la politique, la religion, tels devaient être les moyens par lesquels on ferait respecter, à travers les siècles, le fait de l'exploitation de l'homme par l'homme.

La nature poussait les hommes à la sociabilité ; l'ambition, s'emparant de cette disposition, fit que la tribu, loin d'être le groupement des forces individuelles en vue du bien-être de tous, devint le fondement d'un état social où la guerre devait être en permanence.

Les tribus, au lieu de vivre en paix les unes avec les autres, se firent la guerre ; les plus puissantes, englobant dans leur sein tout ce qui était trop faible pour leur résister, constituèrent des empires dont les chefs déterminèrent les limites ; les peuples, aveuglés par l'ambition de leurs gouvernants, s'élevèrent les uns contre les autres ; une différence d'origine fit naître ce mot qui déshonore l'humanité : Etranger.

Quels étaient ces hommes qui, à la tête des tribus, des empires, parquaient ainsi les peuples ? Les mandataires de ces castes privilégiées, qui, accaparant pour elles les richesses, n'avaient pas d'autre but que de s'en garantir la jouissance.

Dans la tribu, on établit des coutumes, et malheur à qui les violerait ; le chef et son conseil, c'est-à-dire les notables, étaient là pour condamner, et le bourreau était apparu en même temps que le despotisme.

Dans les empires, l'humanité ayant marché, le système avait été perfectionné. Toute une classe s'était réservé le soin de réglementer les coutumes ; la Loi était apparue, et l'étude et la connaissance des lois, sous le nom de jurisprudence, étaient devenues une science.

Formuler la Loi et la faire exécuter constitua, sous le nom de Politique, la science du gouvernement.

Il ne manquait plus à cet échafaudage qu'une sanction mystérieuse, imposant aveuglément aux hommes ce que leur raison aurait pu trouver d'inique dans le système d'exploitation et d'oppression organisé sous le nom de gouvernement. — La Religion sanctifia tout.

Ainsi furent établis les Etats territoriaux, antagonistes entre eux au dehors, et constituant au dedans, sous le nom d'ordre politique et judiciaire, le plus formidable système d'oppression populaire que l'on puisse imaginer.

* *

4.

Les Etats territoriaux, quelle peut être la cause qui les contraint à cet antagonisme réciproque ?

L'Etat territorial est, tout d'abord, constitué par une agglomération formée d'individus habitant un territoire déterminé. Ces individus sont censés ne pas considérer comme ayant les mêmes intérêts qu'eux les habitants d'un autre territoire, et c'est pour sauvegarder leurs intérêts propres qu'ils constituent un Etat. Ces agglomérations territoriales d'individus, auxquelles on a donné le nom de nation, se considèrent donc toutes comme ayant un intérêt particulier à défendre contre les agressions des autres Etats. Si nous réfléchissons à ce qui a déterminé la constitution politique des Etats, ce que nous disons plus haut n'étonnera plus : Organiser une puissance publique pour sauvegarder des intérêts privilégiés, telle fut l'origine de l'Etat ; comme cette organisation, au lieu de se faire universellement, se fit territorialement, ces différentes organisations territoriales devaient avoir pour but de sauvegarder les intérêts qu'elles représentaient tout autant contre les agressions du dehors, de l'étranger, que contre celles venant des ennemis intérieurs.

Il y a plus : la constitution de l'Etat, ayant pour base l'oppression, devait avoir pour conséquence l'oppression. Pourquoi ces classes privilégiées, qui, de tous temps, se sont emparées de l'Etat pour le façonner d'après leurs intérêts, n'auraient-elles pas cherché à augmenter le cercle de leurs intérêts en élargissant le territoire ? Pourquoi n'auraient-elles pas inauguré les guerres de conquêtes ?

La grandeur de la nation se combinait si merveilleusement avec leurs intérêts de caste, qu'il n'y avait pas à hésiter.

Voilà comment les Etats territoriaux devaient naturellement être antagonistes les uns des autres, et voilà ce que sont, au fond, les idées de patrie, de nationalité : la haine réciproque des peuples, au profit des castes gouvernantes.

Nous pensons que, le principe de l'Etat territorial déterminé, il est inutile d'insister sur la nécessité imposée à ces Etats de s'organiser militairement. C'était une conséquence forcée de leur antagonisme, et ce n'est que par la suppression des Etats territoriaux que cette nécessité disparaîtra.

5.

Examinons maintenant ces Etats quant à leur organisation intérieure.

Nous avons vu que l'ordre politique et l'ordre judiciaire, par lesquels se manifeste la constitution intérieure de l'Etat, n'ont pas d'autre but que d'assurer, aux classes dominantes, la jouissance de leurs privilèges.

De même qu'entre les différents Etats territoriaux il existe logiquement un antagonisme, de même aussi, dans l'Etat, entre les classes privilégiées et les classes déshéritées, il existe un antagonisme.

Dans les conditions actuelles, cet antagonisme se manifeste surtout par les luttes entre le Capital et le Travail. Le Capital, concentré entre les mains de la bourgeoisie, ne se livre au Travail qu'à des conditions tellement onéreuses que la situation économique des travailleurs va en empirant, tandis que celle des capitalistes s'embellit de toutes les jouissances morales et matérielles dues à la production moderne ; de là des luttes incessantes, qui, sous le nom de grèves, révèlent une guerre sourde, qui peut devenir bien autrement terrible que les guerres nationales ou dynastiques : la guerre sociale.

La Loi actuelle, issue des conceptions de la bourgeoisie, consacre d'une manière absolue les privilèges de cette classe. Le gouvernement, exécuteur de la Loi, est donc nécessairement appelé à prendre fait et cause pour le privilège économique, dans les conflits survenant entre capitalistes, patrons et travailleurs salariés.

L'autorité morale et de la Loi et du gouvernement ne suffisait cependant pas à imposer aux ouvriers le respect absolu des conditions actuelles. L'armée, que l'Etat territorial avait dû organiser en vue de se protéger contre le dehors, devait servir à l'Etat politiqne et juridique pour se garantir au dedans. C'est ainsi que le soldat devint l'assassin de l'ouvrier.

L'enchaînement des causes et des effets, relativement à la guerre, nous apparaît ainsi d'une manière simple, quoique terrible.

Inégalité des conditions, par suite du privilège économique pour les uns, du paupérisme pour le grand nombre ; constitution des Etats politiques, juridiques et territoriaux, dans le but de garantir au dedans, comme au dehors, les privilèges des classes dominantes ;

Nécessité d'une organisation militaire, propre à défendre l'état de choses existant ; et enfin nécessité des guerres périodiques pour satisfaire aux ambitions militaires.

Nous connaissons maintenant les causes fondamentales des guerres ; nous pouvons donc nous occuper des moyens propres à supprimer ces causes, car, en nous bornant à attaquer l'effet, sans toucher à la cause, nous aboutirions simplement à ce résultat : l'effet apparaîtrait bientôt sous une autre forme.

6.

Rien n'est aussi absurde que le système du juste milieu, qui reconnaît le mal, mais qui redoute encore plus le remède. Pour nous, tâchons d'être logiques.

La cause immédiate des guerres étant l'organisation militaire, c'est donc cette organisation qu'il faut supprimer si nous ne voulons plus de guerres.

L'organisation militaire étant cependant nécessitée par la constitution sociale actuelle, c'est cette constitution qu'il faut transformer de manière à ce que l'organisation militaire ne soit plus une nécessité.

— Mais c'est une révolution complète, nous diront une foule de gens qui gémissent sur les guerres, mais qui ont aussi la chair de poule au seul mot de révolution. — Soit, c'est une révolution, et pour qu'elle soit vraie, efficace, il faut qu'elle soit destructive, d'une manière complète, de l'ordre social actuel, c'est-à-dire il faut qu'elle soit avant tout an-archiste.

Nous entendons déjà les clameurs intéressées de tous les gens d'ordre ; et pour ne pas allonger inutilement le débat sur ce point, nous dirons à tous les hommes de bonne foi : Quel est cet ordre, qui nécessite pour être garanti :

1° D'immenses armées vivant dans l'oisiveté, qui absorbent une bonne partie des produits du travail, et qui, à de certaines époques, — elles qui sont censées défendre la propriété, la famille, — se répandent en troupes sauvages au sein des campagnes et des villes, pour piller, saccager, tuer, c'est-à-dire anéantir la propriété, la famille ;

2° Une classe de jurisconsultes, occupés essentiellement à faire des lois, pour garantir les privilèges économiques, et absorbant, eux aussi, une certaine quantité de produits, en récompense d'un travail improductif ;

3° Toute une bureaucratie, vivant grassement des revenus du peuple, pour obliger ce peuple à exécuter les lois établies par les jurisconsultes ;

4° Enfin un clergé absorbant aussi sa part du revenu public, pour menacer sans cesse le pauvre peuple des flammes éternelles, s'il ne se soumet pas humblement à l'ordre établi.

Un ordre social qui nécessite une si formidable machine gouvernementale, juridique et militaire pour se préserver contre les attaques qui peuvent être dirigées contre lui, n'est pas l'ordre.

La vérité simple est qu'il y a une classe qui domine et une autre qui est opprimée. Au nom du droit naturel, nous avons le droit de protester contre un pareil état de choses, et le devoir de travailler à une organisation sociale d'où résulte véritablement l'ordre.

Utopie, nous diront les gens qui croient à l'éternité du fait établi et qui doutent du Progrès dans l'Humanité.

Examinons si l'ordre peut être établi dans la société.

7.

Pour rechercher la possibilité d'établir un ordre social reposant sur la justice et non sur le parasitisme des uns et le paupérisme du grand nombre, nous devons remonter au principe constitutif des sociétés humaines.

Le travail est la première nécessité, tant individuelle

que sociale; c'est là une affirmation qui, aujourd'hui, n'a plus besoin d'être démontrée pour être reconnue vraie.

Sans organisation du travail, le fait social que nous avons déjà constaté plus haut, la division en classes, devait nécessairement se produire, les uns s'appropriant individuellement, non seulement les produits du travail des autres, mais encore le fonds, et arrivant ainsi à être détenteurs absolus de la source des richesses. La personnalité humaine elle-même fut sacrifiée, et l'esclavage devint une chose sacrée aux yeux des privilégiés.

Après bien des siècles, à la suite de causes aussi inflexibles les unes que les autres, l'esclavage disparut peu à peu pour faire place au servage. La féodalité modifia le principe de propriété dans ce sens que le sol en fut la base essentielle, de sorte que l'homme n'eut de valeur que par rapport au sol ; le serf ne fut plus attaché personnellement au seigneur, comme l'était l'esclave antique vis-à-vis de son maître, mais il était attaché au sol, à la glèbe, et en cela consiste la modification fondamentale qui s'opéra de l'esclavage au servage. La constitution des communes, différentes ordonnances des gouvernements, apportèrent des changements notables dans la position des serfs, mais ce ne fut que lorsqu'en 1789 fut abattu l'arbre de la féodalité du moyen âge, que le servage disparut complètement.

A partir de l'organisation des communes se manifeste un fait important dans l'histoire. A mesure que s'affaiblit la féodalité, qui était résultée de l'invasion des barbares, se forme peu à peu, protégée par la constitution des communes, la bourgeoisie ou Tiers-Etat. Tandis que les seigneurs avaient le sol, les bourgeois développaient l'industrie et le commerce et accumulaient des richesses. Le capital — entendu ici dans le sens restreint du travail accumulé de l'industrie — prédominait peu à peu, et ce fut plutôt en vue de briser les chaînes qui entravaient son développement industriel et commercial, que dans l'intérêt du peuple, que la bourgeoisie fit la Révolution. Comme la chute du monde féodal était un immense progrès dans l'humanité, que c'était le seul but compris par les masses populaires, le Tiers-Etat, en anéantissant ce vieux monde, fut réellement le représentant du peuple tout entier.

Mais toutes les insurrections, toutes les révolutions qui se firent au nom de la Liberté humaine, et modifièrent les conditions sociales, n'eurent en définitive d'autres résultats que la consécration, sous de nouvelles formes adoucies, du principe de l'inégalité, et par suite la confiscation, au profit d'une minorité, de la liberté du grand nombre. La formule politico-économique de la révolution de 1789 est celle-ci : « Travaille, et jouis librement du produit de ton travail ». Mais la garantie de la liberté, — l'instrument de travail, — la révolution ne se préoccupa nullement de l'assurer au peuple (1) ; aussi ne retira-t-il que peu de bénéfice de cette révolution ; par contre, la bourgeoisie, ayant brisé tous les obstacles qui s'opposaient à son essor industriel et commercial, et ayant entre ses mains l'instrument de travail, — le capital, — devint la détentrice absolue de la richesse sociale et prit possession de tous les pouvoirs publics. Son règne était assuré, les libertés purement politiques concédées au peuple était bien loin d'être cette vraie liberté qui ne peut résulter que de l'égalité économique.

Alors que la bourgeoisie arrivait à l'apogée de sa puissance, le socialisme était révélé aux masses populaires par quelques hommes de génie, et un instant, en 1848, il

(1) Il y aurait une réserve à faire au sujet de cette assertion trop absolue. Quelques révolutionnaires voulurent très sérieusement et très passionnément assurer aux déshérités de la société, aux « sans-culottes », la propriété, l'instrument de travail ; mais ils furent presque tous guillotinés par les contre-révolutionnaires.

sembla qu'une ère nouvelle allait s'ouvrir pour l'humanité. Mais la réaction bourgeoise triompha de la révolution sociale.

Quelques années plus tard, l'Internationale était fondée, et les ouvriers, tout en procédant à leur organisation fédérative pour se garantir mutuellement contre les empiètements du capital, abordaient l'étude des questions les plus ardues de la science sociale.

L'idée collectiviste naquit de ce double travail d'organisation et d'études scientifiques. L'histoire de l'économie politique et sociale apprit aux travailleurs que la source de toute richesse est essentiellement collective, que l'appropriation individuelle de la richesse, outre qu'elle est un privilège, est la cause fondamentale des iniquités sociales : exploitation économique de l'homme par l'homme, et consécration légale des privilèges qui en résultent par l'Etat politique et juridique. — Les ouvriers conclurent nettement à la propriété collective, comme au seul moyen de garantir à tous l'instrument de travail. La scission entre les tendances bourgeoises et les tendances socialistes du prolétariat fut dès lors complète ; puissent les ouvriers s'élever à la hauteur de cette situation nouvelle.

8.

Comment s'organisera la propriété collective ? Par l'Etat transformé, nous diront les communistes autoritaires ; par les groupes de producteurs-échangistes, dirons-nous à notre tour, nous collectivistes-anarchistes.

Le principe autoritaire est condamné par la raison philosophique ; si la liberté se concilie avec l'ordre, elle exclut par contre l'autorité.

L'Etat, dans ses différentes manifestations historiques,

est également condamné ; tout Etat ne peut être que l'organisation d'une autorité quelconque.

Quant aux groupes de producteurs-échangistes, voici quelle nous paraît devoir être leur constitution :

Les horlogers d'une localité s'associent par un contrat librement débattu et consenti par tous, garantissant à chacun ses droits de travailleur et sauvegardant les intérêts communs de la profession ; chaque métier de la localité agit de même ; tous se fédèrent pour se garantir mutuellement la jouissance du capital social, organiser l'échange et les services publics locaux ; puis les Communes se solidarisent, constituent les Fédérations régionales suivant leur situation géographique et l'identité de leurs intérêts économiques ; la Fédération internationale des Communes, remplaçant les Etats politiques, juridiques et territoriaux, se constituant de bas en haut, assure à tous les individus la pratique de la liberté, et réalise dans l'ordre social la solidarité économique, — l'une reposant sur le droit naturel, et l'autre découlant de la science sociale.

Telle nous paraît devoir être la base d'un ordre réel. Nous avons eu jusqu'ici l'ordre par l'autorité ; le despotisme sous toutes ses formes en est résulté. L'Humanité, aspirant au bien-être moral et matériel de tous ses membres, réclame aujourd'hui l'ordre par la pratique de la liberté.

L'Humanité actuelle contient-elle les éléments nécessaires à la réalisation pratique de ses aspirations intimes ? Si la société moderne ne possède pas les éléments propres à une nouvelle transformation sociale, il est évident que nous, démocrates socialistes, nous sommes des rêveurs.

Que sont ces immenses associations de métiers fédérées internationalement, et groupant dans leur sein toutes les forces morales et matérielles du prolétariat ? Ce sont les germes de la Commune sociale et de la Fédération internationale des Communes.

L'Association internationale des travailleurs nous apparaît donc comme l'organisation des forces révolutionnaires du prolétariat, le centre commun des aspirations socialistes des classes ouvrières ; en un mot, elle contient tous les germes organiques de la société nouvelle ; comme aussi la puissance de réalisation pratique, lorsque les événements faciliteront cette action suprême. C'est à ces différents titres que nous, travailleurs de tous pays et de toutes professions, nous lui devons notre concours moral et matériel.

Il est une foule de gens qui maudissent sincèrement les guerres, mais qui détestent encore davantage l'Internationale. Il faudra pourtant que ces personnes se résolvent à voir la continuation des guerres à perpétuité, ou à apporter leur concours à l'Association internationale, car c'est par elle seule que pourront être détruites les causes des guerres.

Puisse le peuple travailleur de France, redevenu maître de ses destinées, s'inspirer de son génie révolutionnaire et donner le signal de l'affranchissement général.

Le despotisme, sous toutes ses formes, a fait assez de victimes ; il est temps que se réalise la devise humanitaire :

Liberté, Egalité, Fraternité.

VI

LE COLLECTIVISME (1)

Premier article.

Le socialisme s'est d'abord présenté aux classes laborieuses sous la forme de différents systèmes, ayant chacun ses adeptes plus ou moins nombreux, et se donnant chacun comme l'Evangile infaillible qui devait sauver la société.

A ces différents systèmes socialistes, éclos dans les cabinets de penseurs spéculatifs, a succédé un socialisme beaucoup plus populaire, qui a pris corps dans l'Association internationale des travailleurs.

Lorsqu'on étudie les différents auteurs socialistes, on s'aperçoit bien vite que la fantaisie joue un rôle considérable dans leurs écrits ; tandis que l'histoire de l'Internationale nous offre au contraire le spectacle, non d'une théorie préconçue, mais d'un grand fait économique se produisant en dehors de toute influence de secte : c'est le prolétariat lui-même prenant conscience à la fois de sa situation, de ses besoins, et de l'avenir vers lequel le poussent des nécessités inéluctables.

De ce qui précède, devons-nous conclure que nous ne devions attacher aucune importance à l'œuvre de ces vaillantes

(1) Extrait de l'*Almanach du Peuple pour 1872* et de l'*Almanach du Peuple pour 1873*.

écoles socialistes qui, dans la première moitié du dix-neuvième siècle, ont battu en brèche le vieil édifice social, et préparé ainsi l'organisation du prolétariat et son avènement? Loin de là; nous devons à tous ces infatigables lutteurs, pour la plupart morts à la peine, une profonde reconnaissance; ce sont eux qui ont déblayé la route; et, en marchant plus unis et plus fermes vers la réalisalion du but commun, il est juste que nous gardions un souvenir à ceux qui ont guidé nos premiers pas.

*
* *

Le point fondamental de la question, c'est la manière d'envisager la *propriété*. Tout le monde l'a compris, les adversaires de l'émancipation des travailleurs aussi bien que ses partisans. La propriété, c'est le fond du débat.

Cette question si importante a été traitée dans les différents Congrès de l'Internationale, et le principe de la *propriété collective* est sorti, comme une nécessité historique et économique, des discussions du dernier Congrès général tenu en septembre 1869 à Bâle. Avant ce Congrès, l'Internationale n'avait été que faiblement attaquée; mais à partir de cette époque, ce fut un déchaînement d'attaques tel que l'histoire ne présente pas d'exemple d'une association qui ait soulevé contre elle tant de haines.

Pour nous, tant que ces attaques viennent de la bourgoisie, elles sont parfaitement compréhensibles; l'Internationale ayant attaqué la base même de la puissance bourgeoise, il était naturel que tout ce qui participe à cette puissance se révoltât, avec passion, contre l'audacieuse négatrice des privilèges de la bourgeoisie. Mais l'ignorance, l'asservissement économique du peuple créent aussi à l'Internationale, dans le sein même du prolétariat, de nombreux ennemis, qu'il est de notre devoir d'éclairer et, si possible, de ramener dans le sein de notre grande organisation internationale.

*
* *

C'est précisément le principe collectiviste qui sert de base aux attaques dirigées contre l'Internationale, et c'est en dénaturant ce principe, en en faussant l'application, qu'on est parvenu à susciter contre elle tant d'ennemis.

Le collectivisme serait, d'après les différentes catégories d'adversaires : 1° la destruction de la liberté individuelle ; 2° la réalisation d'une égalité paralysant tout effort individuel ; 3° un partage des richesses, et, par suite, la destruction graduelle, sans profit pour personne, du capital accumulé jusqu'à ce jour ; ou enfin, 4° un système social ne reposant sur aucune donnée scientifique, et par conséquent une utopie.

Répondons brièvement à ces divers reproches.

*
* *

1° La liberté individuelle n'a pas de pires ennemis que ceux qui aujourd'hui ont la prétention de la défendre. En présence du mouvement social qui s'accentue toujours davantage, la bourgeoisie crie bien haut contre les atteintes que le socialisme porterait à la liberté individuelle, et se constitue la protectrice passionnée de la liberté. Mais comme les mots ne sont pas toujours l'expression des faits qu'ils sont censés représenter, il y a lieu d'examiner.

Il est un axiome admis par tout le monde, c'est que chacun doit avoir la liberté de jouir des fruits de son travail ; et cet axiome est certainement pour les bourgeois la partie la plus essentielle de ce qu'ils appellent la liberté individuelle : ils en usent et en abusent tellement, que cette liberté n'est plus un droit pour chaque être humain, mais seulement le privilège de ceux qui, par habileté, ruse, fraude, ou hasard de la naissance, parviennent à monopoliser toutes les jouissances humaines. En effet, en observant ce qui se passe dans la société, nous constatons que bien loin de respecter le droit qu'a chaque individu de disposer des fruits de son travail, la bourgeoisie tend à accaparer, pour son propre profit, la plus grande somme possible des produits du travail du peuple ; ce qu'elle appelle la liberté individuelle, ce n'est donc pour elle que la liberté absolue d'exploiter, sans pitié ni merci, le peuple travailleur.

En regard de cette liberté toute bourgeoise, nous pouvons déduire du principe collectiviste la vraie liberté dont chaque être humain aura la pleine jouissance. Ce qui constitue la base de la liberté individuelle, c'est la garantie de l'existence, qui a sa source dans le travail ; pour que celui-ci soit libre, il faut que l'instrument de travail soit garanti à chaque travailleur ; or, c'est là principalement la mission de la propriété collective, tandis que la propriété individuelle n'aboutit qu'à la concentration des instruments de travail dans un petit nombre de mains, dont les déshérités sont dès lors complètement tributaires.

*
* *

2° Le reproche que le collectivisme n'est que la réalisation d'une égalité paralysant tout effort individuel n'est pas plus fondé que celui d'après lequel il serait la destruction de la liberté individuelle. Dans ce reproche, comme dans le précédent, il y a, de la part des bourgeois, une affreuse confusion de mots. Ce qu'ils appellent « effort individuel » n'est que la puissance qu'ont quelques individualités privilégiées de faire valoir toutes leurs aptitudes, leurs capacités personnelles, mais surtout d'exploiter savamment celles du grand nombre.

Le but du collectivisme est de mettre fin à tous ces privilèges, en donnant *à chacun*, par une éducation rationnelle d'abord, puis en mettant à sa disposition tous les éléments nécessaires, la possibilité de faire valoir toutes ses aptitudes, toutes ses capacités. Cette égalité du point de départ, puis des conditions, permettra à toutes les forces individuelles de se faire valoir ; il est vrai que l'émulation qui en résultera ne produira plus de ces monstres d'ambition qui, arrivés au sommet, dévorent toutes les autres individualités ; au contraire, chaque individualité étant limitée par le développement donné à tous les individus, l'émulation ne sera plus un jeu sanglant où périssent les plus faibles, mais un jeu salutaire où chacun produit ce dont il est capable, sans nuire à autrui.

*
* *

3° L'accusation portée contre l'Internationale de tendre à un partage des richesses est certes la plus absurde. Elle prouve tout d'abord la bêtise absolue de la bourgeoisie : comment ne s'aperçoit-elle pas qu'accuser une société de vouloir *partager*, parce qu'elle proclame le principe de la *propriété collective*, c'est porter une accusation contradictoire ? En effet, si l'Internationale voulait réaliser un partage, il est évident que par là elle maintiendrait le principe de la propriété individuelle en l'élargissant ; tandis que, si elle se prononce pour la propriété collective, elle se déclare par ce fait l'ennemie du partage du fonds, des instruments de travail.

Dans l'*Almanach pour 1871*, nous avons montré qui étaient les vrais « partageux » ; nous n'avons pas à y revenir ; les mêmes vampires existent encore, et les richesses créées par le travail collectif continuent à grossir les poches des capitalistes et de leurs suppôts, tandis que le peuple souffre toujours des mêmes misères.

Si l'Internationale admet comme base de l'organisme social la propriété collective du fonds, des instruments de travail, de manière qu'ils soient garantis à chaque travailleur, elle reconnaît cependant la liberté absolue qu'ont les individus, les groupes, de s'organiser comme ils l'entendront, de sorte que ce sera à ceux-ci de déterminer le mode de répartition des fruits du travail collectif dans chaque association. Ainsi, loin de tendre à un communisme autoritaire, le collectivisme assure parfaitement aux individus, aux groupes, le droit au produit du travail.

*
* *

4° Il nous reste à examiner le dernier reproche adressé au collectivisme, celui de n'avoir aucune base scientifique, d'être une utopie.

Avant d'affirmer le principe de la propriété collective, l'Internationale, par l'organe de ses Congrès, a analysé les différents principes par lesquels la philosophie, la jurisprudence, l'économie politique ont cherché à justifier la propriété individuelle. Après cette analyse rigoureuse, un seul principe restait debout, c'est que la propriété individuelle a été une nécessité sociale, puisqu'elle a été le fondement de l'ordre social jusqu'à ce jour. Mais cette nécessité sociale existe-t-elle encore ?

Pour répondre à cette question, il fallait examiner les faits économiques contemporains. Partout nous constatons une concentration de plus en plus grande, dans les mains d'une minorité, de tous les capitaux (1) en général. Cette puissante concentration est à elle seule une transformation de la propriété: ce n'est plus le modeste champ qui, par nécessité sociale, est la propriété personnelle du petit cultivateur ; ce n'est plus l'atelier qui, par nécessité sociale, est la propriété personnelle du travailleur industriel. Les compagnies financières ont transformé notre monde économique, et les grandes exploitations agricoles et industrielles envahissent et annihilent peu à peu le petit chez-soi du paysan et de l'ouvrier-patron ; nous en sommes à la réalisation de la propriété collective *en faveur de quelques-uns ;* et, que nous le voulions ou non, nous marchons vers ce dilemme : ou la propriété collective réalisée en faveur de tous, ou le monde devenu la propriété exclusive de quelques grands seigneurs financiers.

Nous ne pouvons, dans ces quelques pages, entrer dans les détails qui nous permettraient d'appuyer de faits précis cette courte analyse ; nous pensons qu'elle suffira pour faire entrevoir, à ceux qui l'ignorent, le côté scientifique du collectivisme, et nous recommandons, à ceux qui voudront se rendre compte, par des chiffres, du mouvement qui nous entraîne vers la grande propriété, la lecture du *Manifeste aux paysans* annoncé sur la couverture de l'almanach de l'an passé (2).

(1) Par le terme de « capitaux », l'auteur entend ici également la propriété foncière, comme on le verra.

(2) Ce *Manifeste*, rédigé en allemand par Joh. Ph. Becker, et traduit en français par James Guillaume, avait paru en brochure à Genève, au commencement de 1870, sous ce titre : « *Manifeste aux travailleurs des campagnes*, publié par le Comité de propagande des sections allemandes de l'Association internationale des travailleurs ».

***

Ce qui devient plus difficile à établir, c'est la réalisation pratique du collectivisme. Et, sous peine de tomber dans les systèmes préconçus et utopiques, dans la fantaisie, nous ne pouvons donner des règles absolues.

La réalisation du principe collectiviste dépend complètement de la marche des événements révolutionnaires que notre société est appelée à subir. Si le principe de l'Etat n'est pas emporté dans la tourmente, nous aurons un communisme autoritaire ; si c'est la Commune libre qui triomphe, ce sera dans la commune que se réalisera d'abord l'idée collectiviste. Or, si nous étudions les aspirations de la classe que la logique des faits appelle au gouvernail de la Révolution sociale, nous pouvons en induire que le principe de la Commune libre et de la libre fédération des communes finira par être le principe politique du prolétariat.

Après avoir, pendant des siècles, eu à subir l'individualisme absolu, nous n'aurons pas à craindre de voir le triomphe de l'extrême contraire : le communisme autoritaire.

Second article.

Dans un article publié dans l'*Almanach du Peuple pour 1872*, nous nous sommes efforcé de réfuter quelques-unes des accusations portées contre le collectivisme.

Nous voulons aujourd'hui aborder le côté d'application, et rechercher les moyens par lesquels la propriété individuelle pourrait être transformée en propriété collective.

Deux voies sont ouvertes au prolétariat pour la réalisation pratique de ses espérances : la légalité et la révolution.

Analysons l'un et l'autre de ces moyens.

*
* *

Que pouvons-nous entendre par les voies légales ?

La société humaine, dans son travail d'organisation, a produit jusqu'à ce jour, comme forme et fondement d'organisation sociale, l'Etat.

Si on analyse, d'après les données historiques, l'origine de l'Etat, on trouve que c'est la *force* qui a présidé partout à l'établissement de ce qu'on a appelé l'ordre social.

La constitution primitive des tribus, puis des Etats, tant dans l'antiquité qu'au moyen âge et dans les temps modernes, nous offre toujours le plus révoltant spectacle d'autorité et de despotisme, au profit de quelques-uns, pour anéantir la liberté et les droits du grand nombre. Les formes plus ou moins démocratiques de gouvernement qui ont été au service de cette organisation sociale n'atténuent en rien les conséquences désastreuses, pour le développement de l'humanité, du principe autoritaire qui a été, jusqu'à ce jour, à la base de l'ordre public.

Dans l'Etat, même *démocratique*, c'est toujours le maître qui domine l'esclave.

Dès l'instant qu'il y eut deux classes en présence, — l'une s'attribuant, grâce au travail de la masse, toutes les jouissances possibles, l'autre subissant la misère, le despotisme et l'exploitation, sans pouvoir satisfaire aux exigences légitimes de l'existence humaine, — il était naturel que la classe dominante, qui avait en mains toute la direction des affaires publiques, et dont toute l'organisation de l'Etat — son œuvre — garantissait sous tous les rapports les privilèges sociaux, se servit du pouvoir qu'elle avait acquis pour assurer complètement sa domination.

Tout ce travail d'organisation des pouvoirs de garantie des privilèges et de la domination a reçu sa consécration dans la *Loi*, qui, dans tout Etat, est devenue l'arche sainte à laquelle personne ne peut toucher sans commettre un crime contre la société.

La bourgeoisie, qui, en commun avec le peuple, a subi pendant bien des siècles toutes les vexations de la noblesse dirigeante, a pris, à partir de 1789, dans l'histoire humaine, un rôle prépondérant, et est devenue à son tour la suprême régulatrice des intérêts des peuples.

Elle formula son dogme politique dans ce grand mensonge social : l'égalité devant la Loi, mais elle se garda bien de toucher aux bases fondamentales de l'économie publique. Elle apparaissait comme la démocratie ; mais, en réalité, en maintenant et en consacrant — tout en l'élargissant d'après ses propres intérêts — le principe de la propriété individuelle, elle ne faisait que prendre la place de la noblesse en se masquant des apparences de la liberté.

Ces conséquences historiques de l'œuvre de la bourgeoisie ne se sont manifestées clairement que dans ces derniers temps, où l'antagonisme entre le capital et le travail a pris le caractère d'une guerre sociale permanente jusqu'au jour de la solution.

La direction de tous les Etats civilisés est entre les mains de la bourgeoisie ; toutes leurs institutions juridiques sont son œuvre et la consécration pure et simple de ses privilèges économiques ; les services publics sont partout absolument organisés dans ses intérêts propres.

Telle est la position légale de la bourgeoisie ; dès lors que peut signifier, pour le prolétariat, faire de la légalité ? Ce serait s'introduire peu à peu dans le gouvernement des Etats et se substituer, comme classe, à la bourgeoisie en se mettant en son lieu et place.

Examinons cette tactique au point de vue de la pratique et du but à atteindre.

* * *

La première condition pratique de cette tactique serait la constitution du prolétariat en un parti politique distinct de tous les partis bourgeois ; tout compromis avec l'un ou l'autre de ces partis serait une nouvelle duperie, à moins que ce parti, converti définitivement au socialisme, ne fît toutes les concessions désirables au prolétariat. Or, dans tous les Etats, nous constatons qu'aucun parti bourgeois n'apprécie réellement l'œuvre d'affranchissement des classes ouvrières, et que, là où les partis dits avancés daignent s'occuper de la question sociale, c'est pour en faire un marchepied à leur ambition politique.

Sont-ce les sociétés et les fédérations de métier qui seront la base d'organisation du nouveau parti politique ouvrier, ou bien l'action de ces sociétés restera-t-elle indépendante de l'action politique des travailleurs ? Sans doute que les circonstances seules détermineront positivement dans quelle mesure l'organisation et l'action politiques du prolétariat pourraient être combinées avec son organisation et son action économiques ; mais, comme l'organisation fédérative des métiers se montre chaque jour davantage comme le mode le plus positif d'organisation, parce qu'il est l'organisation même des intérêts, il est permis de supposer que ce serait là aussi, dans l'hypothèse dont nous nous occupons, le fondement de l'action politique.

C'est la logique des faits qui commande. Nous supposons donc que la réforme de la législation au profit des ouvriers serait devenue le but. Les fédérations, au lieu de transformer les faits économiques eux-mêmes, s'en iraient en conséquence demander à la Loi toutes les garanties possibles contre l'exploitation des patrons, et finalement la suppression du patronat.

Nous laissons de côté toutes les difficultés qui s'opposent dans l'ordre de choses actuel à l'organisation et à l'action des classes ouvrières en tant que parti politique distinct des autres partis ; difficultés qui ont pour fondement l'asservissement économique du travail au capital et toutes les conséquences morales qui en découlent, et qui ne disparaîtront que par la suppression de leur cause.

Nous admettons donc, pour simplifier notre raisonnement, que l'action politique et légale du prolétariat dans l'Etat serait possible, et nous allons en examiner les conséquences.

*
* *

Toute tentative réformatrice suppose, d'une part, l'accomplissement de réformes transitoires, et, d'autre part, la réforme complète, radicale.

Par réformes transitoires, nous pouvons entendre : élévation des salaires, abaissement du prix des objets de consommation, réduction des heures de travail, garanties contre l'exploitation des femmes et des enfants, réforme de l'impôt, amélioration de l'instruction publique, simplification de toute la législation juridique, limitation ou suppression des dépenses improductives, soit cultes, militaire, etc., réduction de la magistrature et perfectionnement des services publics utiles. Nous ne pouvons analyser dans ce court travail la valeur réelle de chacune de ces réformes ; nous nous bornerons à l'une de celles qui touchent directement à l'existence du travailleur salarié.

Une loi qui aurait pour but de fixer la durée légale de la journée de travail n'aurait aucune valeur positive, si le nombre d'heures de travail déterminé par la loi n'était déjà entré dans la pratique. Il faut, pour que la loi ne reste pas illusoire, que l'état de l'industrie, les besoins de la consommation, la volonté des ouvriers et le consentement volontaire ou forcé des patrons aient déjà déterminé le nombre des heures de travail. S'il en était autrement, l'Etat, pour obliger les ouvriers à ne travailler que tant d'heures et les chefs industriels à ne pas faire travailler davantage, devrait créer tout un nouvel ordre de fonctionnaires chargés de faire exécuter la loi, et mettre à leur disposition la force armée ; ce serait une bataille sociale continue, une tyrannie épouvantable, le bouleversement des conditions normales du travail. Si, par contre, la réduction des heures de travail est déjà réalisée par l'action des sociétés ouvrières, si elle est déjà entrée dans les faits économiques, la loi n'a plus aucune valeur pratique comme agent de réforme, puisqu'elle ne fait que sanctionner ce qui existe déjà.

Ce simple exemple suffit pour nous mettre en présence de la réalité : ce ne sont pas les dispositions législatives qu'il s'agit de transformer, mais les faits eux-mêmes.

Pour améliorer la position des ouvriers, il ne suffit pas de décréter l'élévation des salaires, la réduction des heures de travail, etc., mais il faut traduire en faits ces besoins d'amélioration, par le triomphe, dans le domaine économique, du travail sur le capital.

Toute autre tactique ne sert qu'à faire du bruit officiel autour de la question sociale, sans rien résoudre.

*
* *

Abordons maintenant le côté le plus grave de la question : l'action politique du prolétariat dans l'Etat en vue d'une réforme radicale.

Pour que l'ouvrier soit définitivement affranchi de toute exploitation, de toute domination, il faut que l'instrument de travail, le capital, cesse d'être la propriété de quelques-uns, pour être mis à la disposition des associations de producteurs.

Tout l'asservissement économique des travailleurs, le paupérisme, la misère, qui en sont le résultat, ont leur source dans ce fait : c'est que les uns, la minorité, détiennent à leur profit l'instrument de travail, le capital ; et que les autres, la majorité, sont obligés de vendre à ceux-là leur travail contre le prix qu'on veut bien leur en offrir.

Si nous voulons opérer une transformation radicale par l'Etat, il faudra donc que celui-ci devienne le propriétaire des instruments de travail, et qu'il les concède ensuite aux travailleurs contre les garanties qu'il jugera utile d'établir. C'est le maintien de la propriété monopolisée, non plus entre les mains de la classe bourgeoise, mais au profit d'une fiction, d'une abstraction, d'un être imaginaire, l'Etat : seulement cette fiction se manifestera aux yeux du peuple par des représentants très réels, très vivants, les hommes d'Etat, les fonctionnaires de l'Etat, qui disposeront à leur gré du capital social. Les associations ouvrières, ne possédant pas directement ce capital, seront obligées d'en demander la concession à l'Etat par l'intermédiaire des dits fonctionnaires, de façon que ceux-ci deviendront les dispensateurs de la fortune publique. On objecte que ces fonctionnaires seront élus par le peuple, et que par conséquent ils ne pourront faire que la volonté du peuple : mais aujourd'hui, dans les républiques suisses, les gouvernements sont déjà nommés par le peuple, ils sont censés ne faire que la volonté du peuple, et pourtant chacun sait qu'ils ne font que leur volonté propre.

Voilà ce que nous promet le *communisme autoritaire ;* voilà à quoi conduirait l'action politique du prolétariat dans l'Etat.

On nous reproche de confondre la forme de l'Etat socialiste avec celle de l'Etat actuel. Mais prenons les programmes des socialistes autoritaires (1) des divers pays : partout c'est le maintien de l'Etat centralisé, le développement du suffrage universel centralisé, la Banque nationale créditant les associations ouvrières, l'expropriation, par voies légales et au profit de l'Etat, des chemins de fer, des canaux, du sous-sol, des forêts, et finalement du sol et des manufactures. L'agriculture, les différentes branches de l'industrie, le commerce, enfin toute l'activité humaine, deviendront des ministères de l'Etat, et, dans cette machine administrative militairement organisée, dans ces armées industrielles, adieu la liberté des groupes de travailleurs.

*
* *

Nous l'avons dit en commençant : ou la légalité, ou la Révolution.

Après avoir condamné la pratique légale, il nous reste à affirmer la pratique révolutionnaire.

Pourquoi les ouvriers constituent-ils des sociétés et des

(1) « Socialistes autoritaires » est pris comme synonyme de « socialistes étatistes ».

fédérations de métier? Pour solidariser leurs intérêts contre ceux de leurs dominateurs et exploiteurs. Ils s'occupent, en général, fort peu de législation ; par contre, ils déterminent librement leurs conditions de travail et s'efforcent de les introduire dans la pratique ; ils opèrent ainsi insensiblement une *révolution dans les faits économiques*. C'est l'époque transitoire.

Que, par suite de l'antagonisme social, qui s'accentue infailliblement toujours davantage, entre la bourgeoisie et le prolétariat, la situation devienne telle qu'une solution radicale s'impose, la Révolution sociale est assurée.

Les Fédérations ouvrières n'ont qu'à procéder à l'expropriation des détenteurs des capitaux, par voie de liquidation.

Quelle sera, dans ses détails, l'organisation que substitueront, au système bourgeois qu'ils auront renversé, les groupes de producteurs industriels et agricoles librement fédérés entre eux ?

A cette question, si nous voulons faire de la science sociale et non de la fantaisie socialiste, nous devons répondre que l'expérience seule pourra résoudre certaines questions pratiques, et qu'en voulant présenter des solutions absolues on tomberait dans l'utopie.

Il importe, pour le moment, que nous déblayions la voie de notre émancipation de tous les systèmes qui peuvent nous faire dévier ; nous marcherons d'autant plus sûrement au succès définitif.

DES CAUSES DES CRISES INDUSTRIELLES ET DE LEURS CONSÉQUENCES AU POINT DE VUE DES INTÉRÊTS OUVRIERS. — DES MOYENS PRATIQUES DE REMÉDIER A LA SITUATION ÉCONOMIQUE ACTUELLE.

Rapport présenté par l'Union des Sections internationales du district de Courtelary au Congrès de la Fédération jurassienne de l'Internationale, réuni à la Chaux-de-Fonds les 26 et 27 avril 1874 (1).

Il est temps que les travailleurs recherchent les causes des crises industrielles qu'ils subissent (2) et qui augmen-

(1) Par décision du Congrès, ce rapport fut publié en une brochure de propagande. Le *Bulletin de la Fédération jurassienne* du 7 juin 1874 en annonce la mise en vente chez le secrétaire correspondant du Comité fédéral jurassien, Numa Brandt, 13, boulevard de la Citadelle, Chaux-de-Fonds, au prix de 10 centimes. — Ce même rapport fut aussi présenté au cinquième Congrès de la Fédération des ouvriers graveurs et guillocheurs, réuni à la Chaux-de-Fonds les 17, 18 et 19 mai 1874, par la Section des graveurs et guillocheurs du district de Courtelary : il a été imprimé dans le *Rendu-Compte* de ce Congrès (Saint-Imier, imprimerie E. Grossniklaus, 1874), pages 39-44.

(2) Dans les derniers mois de 1873, une grave crise financière et industrielle s'était déclarée aux Etats-Unis, et le contre-coup s'en était bientôt fait ressentir dans le Jura suisse.

tent les difficultés, déjà si considérables, de leur existence. Le murmure, lorsque la misère pénètre dans la famille de l'ouvrier, ne change en rien la situation ; il faut apprendre à réfléchir et à agir. En abordant cette étude et en en déduisant les conséquences pratiques qu'elle comporte, nous savons que nous nous heurterons aux préjugés de beaucoup de nos collègues (1) ; mais, précisément parce que nous avons la conviction qu'une tendance plus radicale doit être imprimée à nos associations ouvrières, nous avons le devoir de chercher à démontrer pourquoi nous n'avons plus confiance dans la conciliation avec le monde bourgeois, comme moyen d'améliorer la condition des ouvriers et d'émanciper le travail de la domination du capital.

*
* *

Les crises industrielles ont leurs *causes* dans la situation économique et politique actuelle. Nous nous efforcerons de prouver cette affirmation.

Abordons en premier lieu la question *économique*. Le système de la production capitaliste, inauguré et développé par la bourgeoisie, a eu pour conséquence — c'est une chose aujourd'hui parfaitement établie et démontrée — de concentrer entre les mains d'une minorité, qui se réduit toujours, l'appropriation exclusive du capital social. Ce travail de concentration ne s'opère qu'ensuite d'une lutte implacable entre tous les intérêts, lutte où les plus forts, les plus puissants, dévorent les plus faibles, les petits. Ce système de libre concurrence — c'est ainsi qu'on l'appelle

(1) Cela était vrai, non des membres de la Fédération jurassienne de l'Internationale, mais de ceux de la Fédération des ouvriers graveurs et guillocheurs, à laquelle ce rapport était aussi destiné.

— a produit un tel déchaînement des passions égoïstes, ambitieuses des hommes, qu'il n'existe plus aujourd'hui aucune règle morale dans l'appropriation des richesses. « Enrichis-toi par n'importe quels moyens », telle est la morale bourgeoise.

Les moyens ne manquaient pas. La bourgeoisie créa des valeurs fictives, inventa les jeux de bourse, se lança éperdument dans les spéculations de toute sorte ; elle fonda ces immenses compagnies financières qui accaparent non seulement le capital industriel, mais aussi les voies de circulation, et qui commencent à envahir l'agriculture, qui dominent la banque, le commerce, et même les gouvernements, qui produisent fictivement la hausse ou la baisse pour assurer la réussite de leurs spéculations ; qui, par la dépréciation inattendue du papier-monnaie et la retraite du capital argent, sont causes de ces crises financières qui entraînent d'immenses faillites, arrêtent le commerce et l'industrie, augmentent la misère du grand nombre et la richesse de quelques habiles spéculateurs.

Cette domination absorbante du capital sur la production a eu pour conséquence inévitable un manque absolu d'équilibre entre la production et la consommation. Les entrepreneurs d'industrie n'ont pas pour but de satisfaire les besoins de la consommation, mais de produire des articles de commerce qu'ils lancent sur le marché général et qu'ils cherchent à vendre le plus avantageusement possible. Ce mode de production et d'échange des produits aboutit à exagérer la production, à déprécier les produits, à surcharger le marché général de produits non utilisables et non consommables, et, après des époques de surcroît de travail dans certaines industries, à provoquer des arrêts subits qui n'ont pas d'autre cause que la surabondance des produits qui ont inondé le marché.

Ces indications générales suffisent pour démontrer que

les causes économiques des crises industrielles sont dans l'appropriation exclusive, entre les mains d'une minorité, du capital social.

*
* *

L'étude des *causes politiques* des crises industrielles conduit également à une condamnation absolue de l'organisation sociale actuelle.

Le système de concentration des capitaux a eu pour corollaire politique la constitution des Etats centralisés. Cette centralisation politique, qui se manifeste aujourd'hui en Europe par la constitution de grands empires militaires, ne s'est réalisée que grâce aux guerres de conquête entreprises par ces empires. Cet état de guerre, nécessitant une organisation militaire permanente, absorbe une partie considérable des fruits de la production, et par suite est une cause d'appauvrissement ; chaque Etat étant menacé par la puissance de l'Etat voisin, tous se considèrent comme des ennemis ; de là un antagonisme politique général. Cet antagonisme se manifeste lorsqu'un Etat, rompant la paix convenue avec ses voisins, entreprend une guerre quelconque. Le monde de la finance, les entrepreneurs de l'industrie, le commerce, se sentent frappés dans leurs intérêts, la crainte de perdre arrête les affaires ; le travailleur chôme, la misère pénètre au foyer des ouvriers et des paysans. Ces conséquences sont plus ou moins accentuées, selon les chances de victoire ou de défaite.

Est-ce l'ouvrier qui est responsable de cette situation ?

Qui donc inspire les actes de la diplomatie ? Qui dirige les gouvernements ? Qui remplit les fonctions publiques ? Qui occupe les grades de l'armée ? Qui donne le ton à l'opinion publique ? C'est le monde capitaliste, la bourgeoisie. C'est la bourgeoisie qui a poussé à la formation les grands Etats, c'est elle qui développe la dictature militaire, et pourquoi ? Pour créer une puissance qui sauvegarde ses intérêts de classe contre le développement du socialisme. C'est là le fond de toute la politique actuelle.

*
* *

Les *conséquences* des crises industrielles ne sont pas seulement désastreuses parce qu'elles produisent une augmentation immédiate de misère dans la position de l'ouvrier, mais surtout parce qu'elles créent une situation d'où découlent inévitablement de nouvelles misères. En effet, lorsque le travail n'est pas abondant, l'ouvrier, qui n'a d'autres ressources que son travail journalier, se voit dans l'obligation, pour vivre, d'offrir ce travail à des conditions plus défavorables ; de là une baisse dans les salaires, et par suite un surcroît de misère. Les grands capitalistes, dans ces époques de crise, ont toutes les possibilités de vaincre la concurrence des petits capitalistes en les ruinant. L'antagonisme entre les intérêts s'accentue davantage ; les richesses se concentrent encore plus dans un petit nombre de mains, et la misère grandit dans le peuple.

*
* *

Quels sont les *moyens de remédier* à ces crises ?

Ils sont de deux sortes : les moyens transitoires, et les moyens radicaux.

Par *moyens transitoires*, nous entendons ceux qui,

tenant compte des conditions sociales actuelles, ont pour but de les améliorer le plus possible, sans toucher aux bases de l'ordre social.

La condition essentielle de progrès pour les travailleurs, c'est l'organisation ; et par organisation nous entendons non pas le groupement au profit de tel ou tel parti politique bourgeois, mais le groupement distinct des travailleurs en vue de la sauvegarde de leurs intérêts de classe. Cette organisation commence à se développer : nous voyons les sociétés et les fédérations ouvrières prendre pied, organiser sérieusement la résistance contre les empiètements du capital, et obtenir quelques résultats pratiques. Leur action est malheureusement limitée, non seulement par les obstacles que leur oppose l'ordre actuel, mais aussi par les obstacles que leur suscitent les ouvriers eux-mêmes. Au lieu de se laisser guider par la conception large de leurs intérêts, ils s'inspirent trop souvent des intérêts bourgeois; et c'est ainsi que le développement de l'organisation internationale des travailleurs soulève autant d'hostilité de la part des ouvriers que de la part des bourgeois. Et cependant, plus l'organisation se généralisera, plus sa puissance d'action augmentera ; et ce n'est qu'une fois que les travailleurs seront reliés internationalement qu'ils pourront aborder, avec tout le fruit désirable, la statistique du travail, au moyen de laquelle ils apprendront à connaître la situation économique des différents pays, le degré de développement de l'industrie, l'offre et la demande du travail, et qu'ils pourront ainsi jeter les bases d'un équilibre rationnel entre la production et la consommation. Cette question de la statistique du travail est tellement importante, que dans tous les congrès ouvriers on commence à l'agiter. Selon nous, elle ne pourra être résolue qu'après un développement prodigieux des organisations ouvrières, développement embrassant l'immense majorité des travailleurs de tous les pays. C'est aussi seulement alors que les ouvriers pourront sérieusement contrebalancer l'influence du capital et atténuer les conséquences des crises.

*
* *

Dans la première partie de ce travail, nous avons démontré que les causes des crises industrielles résidaient dans l'appropriation individuelle des instruments de travail. Nous venons de voir comment, par l'organisation des travailleurs, on peut atténuer les conséquences de ces crises. Puisque nous connaissons la cause fondamentale du mal, pourquoi n'en pas rechercher le *remède radical?* Pourquoi hésiterions-nous devant une *transformation des rapports sociaux*, si cette transformation doit supprimer les causes du mal? Pourquoi tournerions-nous toujours dans le même cercle vicieux?

Après quelques années d'agitation socialiste, il n'est plus possible de taire, sous prétexte de s'en tenir à ce qui est *pratique*, la vérité sur le résultat final du mouvement ouvrier. Le monde bourgeois sait parfaitement bien où tend le mouvement ouvrier, et c'est pourquoi il se montre impitoyable dans sa réaction. A nous de travailler à ce que tous les ouvriers deviennent conscients de l'œuvre qu'ils ont à poursuivre. Si nous nous heurtons à des préjugés, au lieu de les respecter, nous devons les faire disparaître par la discussion. C'est en luttant qu'on réalise des progrès.

Le principe de l'appropriation collective des instruments de travail, et l'action révolutionnaire socialiste, seul moyen par lequel cette transformation pourra être opérée, soulèveront encore de vives oppositions dans nos associations ouvrières; mais, en recherchant sérieusement les causes de la position qui est faite aux travailleurs, on reconnaîtra qu'il faut se résoudre ou à en subir toujours les conséquences, ou bien à transformer les rapports sociaux.

C'est aux sections à travailler pour que l'étude et l'analyse prennent une plus large part dans leurs travaux ; nous n'aurons plus ainsi seulement des masses organisées, mais des groupements d'hommes convaincus, sachant où ils veulent marcher, résolus à l'action, prêts à tous les sacrifices.

Lorsque, dans nos associations ouvrières, aura ainsi pénétré l'esprit révolutionnaire, le prolétariat sera devenu capable de prendre la direction administrative des intérêts de la société humaine. Nous pourrons alors contraindre la bourgeoisie à terminer ses orgies financières.

VIII

DE LA TACTIQUE DES GRÈVES

Rapport présenté par la Section des graveurs et guillocheurs du district de Courtelary au cinquième Congrès de la Fédération des ouvriers graveurs et guillocheurs, réuni à la Chaux-de-fonds les 17, 18 et 19 mai 1874 (1).

Nous n'avons pas ici à argumenter en faveur du droit de grève : il n'y a plus que des idiots ou des gens de mauvaise foi qui contestent à l'ouvrier le droit de refuser son travail, quand les conditions qui lui sont faites ne lui conviennent pas.

La grève est une des formes de la guerre. Il y a longtemps que les nécessités de la guerre entre Etats ont créé la tactique militaire, science au moyen de laquelle on a cherché à déterminer les conditions de succès ou de défaite pour les armées. Pourquoi les ouvriers, dans leurs luttes

(1) Ce rapport a été publié dans le *Rendu-Compte* du cinquième Congrès de la Fédération des ouvriers graveurs et guillocheurs (Saint-Imier, imprimerie E. Grossniklaus, 1874), pages 33-39. Il a été aussi inséré, sous la forme d'articles, dans le *Bulletin de la Fédération jurassienne* des 21 et 28 juin 1874 : le texte de ces articles ayant été revu et retouché par l'auteur, c'est celui-là que nous reproduisons ici, de préférence à celui du *Rendu-Compte*.

sociales, ne chercheraient-ils pas à déterminer aussi les conditions de succès ou de défaite, pourquoi ne créeraient-ils pas une tactique des grèves ?

En abordant cette étude, nous ne nous faisons pas d'illusion sur la valeur réelle des grèves. Nous savons que c'est un mode de combat qui est imposé aux ouvriers par les conditions actuelles, la seule arme qu'ils aient entre les mains jusqu'à présent pour faire valoir leurs intérêts contre leurs patrons ; nous savons que ses résultats, même les plus positifs, n'aboutissent qu'à améliorer quelque peu la condition des ouvriers, sans changer en rien les bases des conditions sociales actuelles. En résumé, nous savons que c'est une arme plutôt défensive qu'offensive. En effet, qu'on se rappelle quels sacrifices ont dû s'imposer les ouvriers pour aboutir à une réduction minime des heures de travail et à une élévation également très minime des salaires ; combien de métiers sont restés absolument dans la même situation, malgré des efforts héroïques pour améliorer leur position ; et enfin qu'on pense à l'augmentation continuelle du prix des objets nécessaires à l'entretien de l'existence des êtres humains, augmentation qui annule les résultats des luttes pour l'élévation des salaires.

En constatant ces résultats généraux, nous devons, non pas nous abandonner au découragement, mais travailler à perfectionner nos moyens d'action et à faire mieux que par le passé. Si nous savons profiter des enseignements que nous donnent nos déceptions et nos efforts inutiles, si nous voulons sérieusement notre émancipation, nous comprendrons que la pratique de la résistance doit nous conduire à la pratique révolutionnaire. Puissent les indifférents et les timides secouer leur torpeur, et nos associations marcheront plus sûrement vers la réalisation de leur but.

*
* *

Nous avons en premier lieu à nous rendre compte des causes de non-réussite des grèves ; et nous devons tout d'abord mentionner le manque d'une organisation suffisante.

C'est, en effet, par l'organisation seule que les ouvriers pourront développer leur puissance d'action. On a déjà réalisé quelques progrès dans l'organisation ouvrière ; il existe des associations et des fédérations de métier, des fédérations locales et régionales bien organisées ; l'Association internationale des travailleurs, dans certains pays, contient en son sein une partie considérable du prolétariat. Mais combien de millions de prolétaires, tant ouvriers que paysans, sont restés sans organisation, et n'en ont pas même l'idée ! Et, parmi ces millions, combien n'ont pas même conscience de la situation misérable qui leur est imposée ! Lorsque l'exploitation bourgeoise atteint ses dernières limites, que la misère devient la faim, alors ces masses non organisées refusent leur travail ; mais le capital, qui est tout-puissant par l'organisation de l'Etat, les contraint, après quelques jours de lutte, à se soumettre aux mêmes conditions. La mitraille a quelquefois mis fin à ces conflits entre patrons et ouvriers. Même dans les métiers les mieux organisés, le manque d'une organisation généralisée empêche très souvent les revendications ouvrières de triompher de l'obstination et de l'égoïsme bourgeois.

Le manque d'argent a été une seconde cause de non-réussite de beaucoup de grèves. Sans ressources matérielles suffisantes, les organisations ouvrières ne peuvent entreprendre aucun mouvement sérieux. Car l'ouvrier qui cesse de travailler doit avoir, pour vivre, d'autres ressources que celles que lui procurait son travail journalier, autrement il serait forcé de mourir de faim ou de reprendre son travail. Or, on sait que, malgré les histoires fabuleuses que la presse bourgeoise sert à ses abonnés sur le compte des finances des associations ouvrières, celles-ci n'ont encore à leur disposition que fort peu de capitaux ; et, si on compare les sacrifices financiers qu'elles peuvent s'imposer à ceux que peut s'imposer le monde capitaliste, on comprendra qu'il est indispensable que les associations ouvrières, pour assurer la réussite de leurs grèves, développent considérablement leurs moyens financiers.

Une troisième cause de non-réussite des grèves est le manque de solidarité morale entre les ouvriers et le peu de convictions solides qui existent chez eux. Il ne suffit pas qu'un métier soit puissamment organisé, ni qu'il ait des ressources matérielles suffisantes, pour qu'il réussisse toujours dans ses tentatives d'améliorations ; malgré ces deux chances de succès, bien des grèves ont échoué, simplement parce qu'il n'y avait pas de lien moral entre les ouvriers en grève. La solidarité morale qui résulte de l'attachement de tous à une cause commune faisant défaut, il a suffi d'un revers dans la grève, soit qu'elle se prolongeât plus qu'on ne l'avait pensé, soit que les secours eussent diminué, pour qu'une partie des grévistes fît défection et entraînât la ruine de l'entreprise. Et si cette solidarité morale n'existe pas, c'est que dans les associations ouvrières on s'est généralement borné jusqu'à ce jour à s'occuper exclusivement des intérêts matériels, on a négligé le côté intellectuel et moral de leur œuvre, on a fait fi de l'étude des questions sociales, et il ne s'est pas encore dégagé, au moins généralement, de leur sein ces convictions bien trempées qui produisent les abnégations personnelles, les sacrifices complets à une cause. Il faut l'avouer : pour beaucoup d'ouvriers, bien des grèves furent une simple fête, au lieu d'être une lutte sérieuse dans laquelle étaient engagés des intérêts sacrés.

Enfin, une quatrième cause de non-réussite, qu'il nous reste à indiquer, c'est l'entreprise des grèves en temps inopportun, soit qu'il y ait manque d'action préparatoire sur les trois points indiqués ci-dessus, soit qu'il y ait arrêt dans l'industrie ou dans le commerce. Si l'écoulement des produits subit un arrêt, les fabricants peuvent se passer du travail de leurs ouvriers pour un temps plus ou moins long, et, si une grève éclate à ce moment, le métier qui l'entreprend pourra consumer ses ressources sans qu'il en coûte rien aux fabricants ; et, lorsque le travail reprendra, les fabricants auront toute leur puissance de résistance, tandis que celle des ouvriers sera considérablement affaiblie ou même ruinée. Le choix du moment d'une grève est donc, sous tous les rapports, immensément important.

*
* *

Nous avons maintenant à établir les conditions du succès des grèves. Elles nous sont clairement indiquées par ce que nous venons de dire des causes qui produisent la non-réussite.

La condition essentielle de succès, c'est le plus grand développement possible de la puissance de résistance du travail contre le capital. Il faut compléter l'organisation générale des ouvriers, sans distinction de nationalité et de professions, en prenant pour base l'organisation locale du métier, et en constituant ensuite les fédérations régionales et internationales par métier, et les fédérations ouvrières locales, puis régionales, qui embrassent ainsi la généralité des intérêts ouvriers, groupés distinctement, mais solidarisés en vue de l'action commune. Tous les intérêts ouvriers pourront ainsi se faire valoir, appuyés sur la solidarité générale. La pratique de la solidarité, nécessitant des sacrifices financiers, doit être organisée positivement, de manière à ce que l'on sache toujours exactement sur quelles ressources on peut compter, non pas dans le sens d'une centralisation des ressources financières, mais en maintenant au contraire le principe de l'autonomie de l'administration par groupe, les organisations établissant, par des contrats ou pactes fédératifs, dans quels cas et dans quelle mesure elles veulent s'engager solidairement. Il faudrait également déterminer, par la statistique du travail, quelles sont les conditions réelles des différentes professions, afin qu'on puisse juger de l'opportunité des revendications de tel métier en présence de la situation de tel autre métier, ou des ouvriers du même métier, suivant les localités ou contrées qu'ils habitent ; car très souvent ce sont des ouvriers déjà comparativement bien placés qui obtiennent de nouvelles améliorations, tandis que les ouvriers déjà misérables voient leur position empirer encore. — Ces indications générales suffisent pour faire comprendre ce qu'il y a à faire sur le terrain de l'organisation, pour assurer aux ouvriers le triomphe des grèves. Pour généraliser cette formidable entreprise, il faut que les associations et fédérations existantes portent leur propagande partout, afin que les millions de prolétaires qui sont restés stationnaires s'animent aussi au souffle puissant du mouvement émancipateur.

La seconde condition de succès pour les grèves, c'est l'affaiblissement des forces de l'ennemi, du capitalisme. On sait que la situation économique actuelle a pour résultat de concentrer les capitaux dans un nombre de mains qui se réduit toujours ; on sait aussi que beaucoup d'ouvriers tendent à devenir bourgeois : eh bien, que ceux-ci renoncent à cette visée, qu'ils restent dans le camp ouvrier, tant par leur position que par leurs tendances ; et, en apportant ainsi à l'œuvre du prolétariat le concours de leur intelligence, de leur savoir, de leur travail, ils augmenteront sa puissance d'action, en affaiblissant d'autant celle du monde bourgeois que leur accession aurait renforcée.

La troisième condition de succès, c'est le développement, parmi les ouvriers, de la connaissance des questions sociales, et les convictions socialistes qui doivent en être le résultat. Les grèves ne doivent pas être un jeu léger auquel on prend part parce qu'on y gagne à peu près autant que si l'on travaille, mais une action générale à laquelle on participe par devoir de solidarité, avec la conscience d'agir dans l'intérêt commun des ouvriers, et pour le triomphe de laquelle on est prêt à s'imposer les privations les plus dures. S'il n'y a pas cet attachement moral à la grève, qui ne peut être inspiré que par des convictions socialistes, la grève, pour peu qu'elle dure, risque toujours d'être trahie par la démoralisation qui ne manque pas de se produire chez les individus non convaincus. Sachons donc faire de nos associations, non seulement des groupements d'intérêts matériels, mais aussi des écoles mutuelles où nous apprendrons la connaissance de nos droits et la pratique de nos devoirs, où nous pourrons développer notre intelligence et tremper nos caractères pour la lutte. Dans les temps de grève, nous aurons alors moins à craindre les défaillances.

Enfin, la quatrième condition de succès, c'est d'entreprendre la grève en temps opportun. Nous devons en conséquence apprendre à juger sainement de la situation du marché général, pour savoir si, au point de vue de l'offre et de la demande du travail, la situation générale, ou la situation particulière de telle profession, est favorable aux ouvriers. Cette appréciation positive est indispensable à la bonne réussite de nos entreprises, nous l'avons déjà indiqué lorsque nous avons parlé des causes d'insuccès pour les grèves.

En combinant les quatre moyens d'action que nous venons d'énumérer, en en tirant les conséquences pratiques que les circonstances peuvent faire naître, nous créerons ainsi une science positive de la résistance du travail contre le capital.

Nous avons cependant l'espoir que les événements généraux entraîneront rapidement les classes ouvrières dans une voie plus radicale.

* * *

Il nous reste à attirer l'attention de nos lecteurs sur deux points très importants.

Nous savons tous qu'il est des circonstances où la grève est due, non à l'initiative des ouvriers, mais à celle des patrons, ensuite de mesures vexatoires que ceux-ci veulent imposer à leurs ouvriers. Dans ces cas-là, où il s'agit de la dignité des ouvriers, de la défense du droit d'association, nous pensons qu'il ne faut jamais hésiter à accepter la lutte, quelle que puisse être la situation de l'organisation qui aurait à en subir les conséquences. Une défaite honorable doit être préférée à une soumission volontaire, car la défaite même, dans ces cas-là, imposera aux patrons, tandis que la soumission volontaire démoraliserait les ouvriers.

Le second point que nous voulons encore relever pour conclure, c'est l'idée de la grève générale. En suite du peu d'améliorations réelles qui ont été obtenues par les grèves partielles, malgré les grands sacrifices qu'ont faits les ouvriers, l'idée d'une grève générale des travailleurs, qui mettrait fin aux misères qu'ils subissent, commence à être sérieusement discutée par des associations ouvrières mieux organisées que les nôtres. Ce serait certainement là un acte révolutionnaire capable de produire une liquidation de l'ordre social actuel et une réorganisation conforme aux aspirations socialistes des ouvriers.

Nous pensons que cette idée ne doit pas être écartée comme utopique, mais au contraire mûrement étudiée chez nous aussi ; et, si nous arrivons à nous convaincre de la possibilité de sa réalisation, il faudrait nous entendre avec les fédérations ouvrières de tous les pays sur les moyens d'action.

Pour émanciper le travail de la domination et de l'exploitation du capital, on a essayé de tous les palliatifs ;l a voie révolutionnaire seule reste ouverte. Elle s'élargira avec ou sans notre concours. Puissions-nous, pour l'honneur de nos associations, bientôt joindre franchement notre action à celle des pays qui ouvrent, par leur marche hardie vers l'avenir libre et égalitaire, une nouvelle époque de l'histoire humaine.

IX

QUELQUES DIFFICULTÉS DANS LA PRATIQUE DES ASSOCIATIONS OUVRIÈRES

I

Scènes de la vie ouvrière jurassienne (1).

1.

Jacques, ouvrier socialiste (à *Jules*). — Allons, il est bientôt deux heures, il est temps que nous nous rendions à l'assemblée. — (C'est un dimanche.)

Joseph, ouvrier bien intentionné, mais léger (jouant au billard avec Auguste). — Dans quelques minutes nous aurons terminé la partie. Attendez-moi, je vais avec vous.

Jacques et Jules attendent quelques minutes. Leurs deux compagnons recommencent une nouvelle partie, le perdant ayant réclamé la revanche ; Joseph insiste pour que Jacques et Jules l'attendent, mais ceux-ci s'en vont, l'heure de l'assemblée étant proche.

Plusieurs heures après, Jacques et Jules, en revenant de l'assemblée, s'arrêtent de nouveau au café Y**. Auguste et Joseph sont toujours au jeu. Ils paraissent gais ; mais, en

(1) Extrait de l'*Almanach du peuple pour 1875*.

les observant, on devine chez eux l'anxiété. Durant l'après-midi, des amis sont arrivés, et tous ont été invités à boire un verre. La dépense est considérable ; les deux amis débattent à qui paiera l'écot. Tous les deux font la partie en artistes, et sont admirés par les amis qui entourent le billard. Joseph est le perdant ; il devient de plus en plus sombre et embarrassé, et finit, cependant, par expliquer à l'oreille du cafetier qu'il doit lui faire crédit jusqu'au samedi suivant.

2.

Le café Y** est très fréquenté, et le lundi, à onze heures du matin surtout, il y a toujours foule.

Jacques vient s'asseoir à une table où sont réunis quelques-uns de ses collègues d'atelier.

David, vieil ouvrier, noceur. — Dis donc, nous venons de faire une belle « monture » à Alcide. Il a fini par s'en aller en pleurant parce que je lui ai dit une plaisanterie sur sa sœur.

Plusieurs buveurs. — Si tu avais entendu cette « scie », il y avait de quoi crever de rire !

Alphonse, ami de Jacques. — Ce qui veut dire que c'était bête comme tout !

Jacques. — Et pourquoi l'avez-vous fait pleurer, ce pauvre diable ?

Louis et *Edouard*. — Eh, parbleu ! il faut bien rire un peu.

Jacques. — Allez, vous n'êtes pas les seuls à rire. Ces

messieurs rient aussi très bien de vous. (Il désigne une table voisine occupée par quelques bourgeois.) Ils se disent : Que viennent-ils parler d'émancipation, ces ouvriers qui n'ont pas même le respect d'eux-mêmes, ni le sentiment de la dignité !

David. — Moi, je me fiche de tout ça. Lorsqu'on est en noce, il faut s'amuser. Après nous, arrive que pourra !

Alphonse. — Veux-tu te taire ! Est-ce à un vieux de ton âge à parler ainsi à des jeunes gens ?

Jacques. — Ce qu'il y a de triste, c'est que les jeunes gens croient le père David sur parole, quand il leur parle ainsi.

David. — Allons, allons, laissez-moi tranquille. Est-ce que vous allez me faire de la morale ? Parlez de votre socialisme entre vous, et fichez-moi la paix.

Jules, ami de Jacques. — Oui, nous en parlerons, et je n'ai pas, quant à moi, des choses bien gaies à dire. Je viens de recevoir le *Bulletin*, qui contient de tristes nouvelles. En Espagne, les autorités viennent de faire jeter secrètement à la mer, enfermés dans des sacs, soixante ouvriers, membres de l'Internationale (1). En Italie, on vient d'arrêter une quinzaine d'ouvriers qui ont pris part à une manifestation organisée pour protester contre la misère publique, qui grandit toujours. En France, on arrête toujours et à chaque instant des ouvriers compromis dans les affaires de la Commune.

(1) *Bulletin de la Fédération jurassienne*, 7 juin 1874 : « Les assassinats commis à San Fernando crient vengeance. *Soixante-six* ouvriers ont disparu de cette localité. Le peuple de San Fernando sait que ces malheureux, après avoir été arrêtés, ont été conduits à bord d'un navire, et que là, au milieu de la nuit, on les a cousus dans des sacs et jetés à la mer avec des boulets aux pieds. L'auteur de ce crime, le capitaine-général Arias, vient de recevoir le salaire de son forfait : il a été nommé ministre de la marine. »

David. — Ces imbéciles ! s'ils faisaient comme moi, ils ne se feraient pas « fourrer au trou ».

Monsieur X. (de la table voisine). — Si ces ouvriers dont vous parlez travaillaient honnêtement devant eux, comme un brave ouvrier doit le faire, leurs pays ne seraient pas en révolution, et le commerce irait mieux.

Jacques. — Je conçois très bien que vous, monsieur X., qui êtes un riche fabricant, vous jugiez tout au point de vue de vos intérêts commerciaux. Mais je vous ai entendu souvent déclarer publiquement que vous étiez un bon républicain, un libéral. Comment conciliez-vous ces déclarations avec ce principe que vous venez d'affirmer, que les ouvriers français, espagnols, italiens, doivent tranquillement se soumettre à l'odieux despotisme qui pèse sur eux ?

Monsieur X. — Oui, oui, je suis républicain et je suis libéral. Mais l'ordre avant tout. Si on laissait faire les ouvriers, à quoi aboutirions-nous ? Au partage, au communisme ! Plutôt la domination de Bismarck que le triomphe du socialisme !

Jacques. — C'est bien là le bourgeois ! Libéral, démocrate, tout ce qu'on voudra dans ce sens, tant que le dieu-capital n'est pas atteint ; mais si les ouvriers bougent, le bourgeois devient le plus féroce réactionnaire, et, pour tromper et effrayer le peuple, on invente des phrases sur le partage, le communisme, la destruction de la famille ; et avec cela monsieur X. est un honnête homme et les socialistes sont des bandits.

Alphonse. — Tu as raison, Jacques, la bourgeoisie se moque de nous.

Arthur, ouvrier libéral. — Vous, Jacques, je vous l'ai déjà répété cent fois, si vous aviez un peu de patriotisme, vous vous occuperiez à lutter contre les ultramontains, au lieu de perdre votre temps à des théories irréalisables.

Monsieur X. — A la bonne heure ! Voilà au moins un ouvrier qui aime son pays. En présence des scandales que commettent les curés ultramontains, tout bon citoyen doit travailler à les faire remplacer par des curés libéraux. Tenez, lisez cette correspondance.

Arthur prend un journal libéral et fait lecture à haute voix d'une correspondance dans laquelle est relaté le fait qu'un curé a été vu en état d'ivresse. Les réflexions dont le journal accompagne cette correspondance soulèvent une hilarité générale. Chacun trouve un bon mot à l'adresse des ultramontains.

Armand, opportuniste (à Jacques, à voix basse). — Tu sais que je suis aussi socialiste que toi, mais tu as tort, chaque fois qu'on attaque le socialisme, de le défendre ainsi publiquement ; tu sais bien que cela ne sert à rien, et que tu ne fais que te compromettre davantage. Parlons-en entre nous, lorsque nous nous rencontrons quelques amis. Tu conviendras, par exemple, puisque l'opinion publique est préoccupée de ces luttes religieuses, qu'il serait plus pratique de prêter son concours à la lutte contre les ultramontains ; le socialisme viendra toujours après.

Jacques. — Ton socialisme est très commode. Lorsqu'on rencontre un ami, on lui serre la main en lui disant à l'oreille : « Tu sais, je suis aussi socialiste ; mais, parce que l'opinion publique est travaillée par un autre courant d'idées, il faut lui faire toutes les concessions désirables afin de ne pas se mettre mal avec ses concitoyens ». C'est là une manière d'agir très ingénieuse. Avec cela on peut être à l'occasion ultramontain, libéral, radical ou socialiste. Quant à cette lutte contre les ultramontains, en quoi peut-elle intéresser les ouvriers ? Les conditions du travail ne seront en rien changées, parce que la messe sera dite par un curé libéral plutôt que par un curé ultramontain. Les libéraux reprochent aux socialistes de ne pas combattre les ultramontains. Mais si les bourgeois libéraux veulent réellement le bien-être moral et matériel du peuple, comme ils le prétendent, ils doivent non pas susciter des luttes religieuses, mais les enterrer, et favoriser l'organisation des ouvriers pour la défense de leurs intérêts de travail. Ils s'efforcent, au contraire, de réveiller des questions qui n'ont aucun intérêt réel pour le peuple, et ils combattent les socialistes tout aussi impitoyablement que les ultramontains peuvent le faire. Les uns et les autres sont les ennemis de l'émancipation du travail; pourquoi lutterions-nous pour les uns en faveur des autres?

Pendant cette conversation, David, Louis, Edouard, Emile et quelques camarades ont entonné un hymne à la liberté, auquel succèdent des gaudrioles. Chacun est disposé à la « noce ». On combine une promenade pour l'après-midi, seulement l'argent fait défaut.

David paraît tout absorbé.

Louis. — Allons, David, vous n'êtes jamais pris sans vert; trouvez quelque chose pour nous sortir d'embarras.

David. — Dis donc, Emile, tu vas aller chez le patron, tu lui demanderas vingt francs ; s'il ne veut pas te les donner, dis-lui que tu quittes l'atelier, et tu verras bien qu'il finira par te les remettre. Nous te rembourserons chacun notre part samedi soir.

Emile. — Je suis trop jeune, il vaudrait mieux que l'un de vous y aille.

David. — Il faudra bien que tu t'y fasses. Bois encore une absinthe pour te donner du courage.

Emile se décide à aller, et revient bientôt après en riant avec la pièce de vingt francs.

3.

Monsieur N. est chef d'atelier et occupe un assez grand nombre d'ouvriers, parmi lesquels nous retrouverons les connaissances faites le lundi au café Y**.

Arthur. — Eh bien, Jacques, qu'avez-vous fait à l'assemblée de dimanche ?

Jacques. — Nous avons, comme c'était notre intention, constitué une caisse de résistance pour le métier. Mais nous ne nous en sommes pas tenus là ; il a été fait une proposition d'adhérer à l'Internationale, et elle a été mise à l'ordre du jour de la prochaine séance. On a décidé en outre d'envoyer un délégué au prochain Congrès de la fédération du métier, d'inviter les sociétaires à s'abonner au *Bulletin* et à acheter le *Manifeste* du dernier Congrès général de l'Internationale (1). Une souscription a été ouverte en faveur d'une grève d'ouvriers tisserands en Belgique, et il a été donné connaissance d'une invitation du Cercle d'études sociales de la localité, pour assister à une conférence qui aura lieu jeudi soir, sur la question de « l'action politique des classes ouvrières ».

Arthur. — Je n'approuve pas tous ces congrès et ces

(1) Il s'agit du septième Congrès général (Bruxelles, 7-12 septembre 1874), auquel Adhémar Schwitzguébel avait pris part comme délégué de la Fédération jurassienne. Ce Congrès avait décidé d'adresser un Manifeste aux ouvriers de tous les pays, et Schwitzguébel avait été l'un des trois membres de la commission qui fut chargée de rédiger ce document.

souscriptions en faveur des étrangers, et ces journaux et ces brochures. Qu'avons-nous besoin de tout cela? Ce sont des occasions de jeter son argent sans qu'il vous rapporte rien. Passe encore pour la caisse de résistance du métier, car il faut reconnaître que la position de l'ouvrier laisse à désirer; mais à quoi peut servir l'adhésion à l'Internationale?

Jacques. — Il est bien clair que si la caisse de résistance reste isolée, elle ne peut rien faire d'utile, elle demeure impuissante; il faut, pour qu'elle atteigne son but, qu'elle se fédère avec d'autres sociétés du même métier, et qu'ensuite tous les métiers se solidarisent entre eux, non seulement dans le même pays, mais d'un pays à l'autre. Eh bien, ces souscriptions pour les grèves étrangères sont un commencement de réalisation de cette solidarité générale; et ces congrès ont précisément pour but d'établir des rapports pratiques entre les associations et les fédérations. En outre, on y discute des questions d'un grand intérêt pour les travailleurs, celle de la propriété, celle des services publics, etc.; et il faut que ces questions soient résolues pour que l'émancipation du travail soit possible.

Arthur. — La masse des ouvriers, chez nous, ne s'occupe pas de ces questions-là. Il me paraît donc qu'il est plus pratique de s'en tenir aux progrès qui se réalisent graduellement dans nos petites républiques.

Jacques. — C'est justement parce que la masse des ouvriers, chez nous, n'a pas conscience de la grande transformation sociale qui se prépare dans le monde civilisé, que nous devons, au moyen de journaux, de brochures, de conférences, chercher à éclairer nos compagnons de travail sur nos tendances, sur la situation réelle qui leur est faite, et sur la nécessité d'un changement radical. Quant à ces progrès graduels qu'on fait miroiter à nos yeux pour nous éblouir, où sont-ils? On revise les constitutions, on refait les lois à chaque instant, on renouvelle sans cesse le personnel des gouvernements, des administrations publiques, des tribunaux, des assemblées législatives, et, malgré tous ces changements de forme, le fond de la situation reste le même, quand il n'empire pas.

Plusieurs voix. — Ça, c'est la vérité, ce sont toujours les gros bonnets qui profitent de tout.

Le patron. — Ce sont les mauvais citoyens qui raisonnent comme Jacques. Il faut avant tout aimer son pays et le servir en bon patriote, et ne pas chercher des changements impossibles. Que diable ! il y a toujours eu des pauvres et des riches, et il y en aura toujours.

Jacques. — Ce n'est pas vous, monsieur N., qui avez à vous plaindre de la situation, je le crois bien. Vous dites, d'après l'Evangile, qu'il y aura toujours des pauvres, et vous en prenez facilement votre parti ; mais les pauvres, eux, finissent par se fatiguer de la misère.

Alphonse. — Moi je dis que l'amour de la patrie, dont les bourgeois parlent tant, n'est qu'une blague dans leur bouche ; l'amour de leurs sacs d'écus, voilà le fin mot de leurs sentiments.

David. — Et moi je ne vois qu'une chose : pour les sociétés ouvrières, il faut de l'argent. Je préfère, au lieu de payer des cotisations, boire quelques bonnes chopines de plus.

Auguste. — Ou faire quelques parties de billard.

Achille, ouvrier rangé. — Vous feriez mieux, tant les uns que les autres, de mettre vos économies à la caisse d'épargne. Au moins cela rapporte, et on ne confie pas son argent à des gens qu'on ne connaît pas.

Le patron. — A la bonne heure ! Voilà au moins un conseil pratique.

Charles, ex-militant désabusé. — Le socialisme est très beau en théorie, mais les ouvriers sont trop ingrats pour qu'on puisse espérer en voir la réalisation. Ceux qui se dévouent à cette cause se sacrifient inutilement. Quant à moi, j'ai été bien enthousiaste, mais je ne ferai plus rien.

Alphonse. — Oui, ce sont de rudes farceurs, ces ouvriers qui n'ont pas le bon esprit de cheminer selon l'humeur de Monsieur Charles. Comment? Monsieur Charles est décidé, et vous ouvriers, vous ne l'êtes pas? Allons, dépêchez-vous d'emboîter le pas, sans cela Monsieur Charles ne fera plus rien pour votre cause!

Après un silence, Jacques rappelle à ses compagnons d'atelier que ceux qui voudront s'abonner au *Bulletin* jurassien, acheter le *Manifeste* du Congrès général de l'Internationale, et souscrire pour la grève des tisserands belges, pourront s'adresser à lui le samedi soir.

4.

Le jeudi au matin, le facteur entre dans l'atelier de Monsieur N., et remet à une douzaine d'abonnés le journal libéral de la contrée.

Il y aura des élections le dimanche suivant, et le comité libéral adresse à tous les bons citoyens un appel patriotique pour les engager à donner à ces élections le caractère d'une manifestation populaire. Le patron, après avoir fait lecture de ce document, réchauffe le zèle électoral de ses ouvriers.

Cette causerie politique est interrompue par l'arrivée de deux délégués de l'une des sociétés politiques de la localité, venant solliciter des dons volontaires en faveur de l'achat d'une bannière pour leur société. Le patron ouvre la liste de souscription par un don généreux, et engage ses ouvriers à contribuer à cette œuvre patriotique ; la plupart d'entre eux s'exécutent.

Bientôt après, un voyageur de librairie vient faire ses offres de service : un roman à sensation est en cours de publication par livraisons, et les nombreuses souscriptions déjà recueillies témoignent de l'intérêt que le public porte à cette œuvre littéraire. Un moment après, le voyageur se retire d'un air très satisfait : il a récolté dans l'atelier de Monsieur N. quinze sonscriptions.

Le soir, Jacques rappelle la conférence qui aura lieu au Cercle d'études sociales, sur « l'action politique des classes ouvrières ».

Plusieurs voix. — Nous n'avons pas le temps d'y assister.

Joseph (bas, à Jacques). — J'irais bien, mais il faut que je travaille le soir, pour pouvoir payer le cafetier.

Louis et *Edouard.* — Il faut que nous rattrapions le temps perdu les premiers jours de la semaine.

Arthur. — J'en reviens toujours à mes moutons : il ne peut y avoir qu'une seule politique, c'est de voter pour des candidats libéraux.

Jacques et Jules, ainsi qu'Alphonse et Emile, s'apprêtent à sortir.

David (à Alphonse et à Emile). — Restez plutôt avec moi, je vous donnerai ce soir une petite leçon pour vous former l'esprit ; vous êtes jeunes, il faut écouter les conseils des vieux.

Le patron (à Jacques). — Vous feriez mieux d'encourager ces jeunes gens à travailler et à mettre leur argent de côté, au lieu de les pousser à perdre leur temps à des idées impossibles.

5.

Le vendredi soir, il y a grande agitation dans l'atelier de Monsieur N. Toutes les sociétés populaires sont convoquées afin d'organiser un cortège imposant pour les élections de dimanche. Une dizaine des ouvriers appartiennent à l'une ou à l'autre de ces sociétés, et vers huit heures les intéressés vont sortir.

Jacques (à Monsieur N.). — Comment, vous ne trouvez pas que ces messieurs vont perdre leur temps ? Il me semble qu'ils feraient mieux de travailler plutôt que d'aller à des assemblées.

Le patron (se mordant les lèvres). — Ici il s'agit de sociétés respectables, utiles, et tout honnête citoyen doit les soutenir ; ce n'est pas comme vos sociétés de résistance, de fédération, d'Internationale.

Jacques. — Vous les estimez si fort, ces sociétés-là, parce qu'elles servent à la jeunesse d'écoles de politique routinière, comme vous en avez toujours pratiqué, et qu'elles détournent les jeunes gens des sociétés ouvrières.

6.

Le travail a cessé le samedi vers sept heures du soir, dans l'atelier de Monsieur N.

Jacques. — Eh bien, collègues, ceux d'entre vous qui veulent s'inscrire comme abonnés au *Bulletin* jurassien sont invités à s'annoncer.

Plusieurs voix. — Le prix de l'abonnement est trop élevé, et puis nous sommes abonnés au journal de la localité, qui est beaucoup plus intéressant que votre *Bulletin.*

Jacques. — Il est vrai que, proportionnellement aux autres journaux, le prix de l'abonnement au *Bulletin* est élevé (1), mais à qui la faute ? A vous, qui préférez donner votre argent à des journaux ennemis, plutôt qu'à un organe ouvrier. Vous dites que les autres journaux sont plus intéressants : il est vrai que c'est bien intéressant pour vous d'apprendre que l'ex-impératrice Eugénie est arrivée en Suisse, que Bismarck a fait un séjour aux bains, que Monsieur un tel s'est cassé la jambe à tel endroit ; et qu'au contraire cela doit être assommant de connaître quelques détails du mouvement ouvrier dans les autres pays, et d'étudier quelques articles de fond sur les questions sociales.

Jules et Alphonse seuls se font inscrire.

Jacques invite ceux qui veulent acheter le *Manifeste* du dernier Congrès de l'Internationale à s'adresser à lui.

Plusieurs voix. — Nous n'avons pas le temps de lire ces brochures, et puis cela coûte toujours.

Jacques. — Lire des romans est plus instructif et plus économique.

Il finit cependant par vendre cinq exemplaires du *Mani-*

(1) L'abonnement au *Bulletin*, depuis que l'organe de la Fédération jurassienne, qui au début ne paraissait que deux fois par mois, était devenu hebdomadaire et avait agrandi son format (juillet 1873), coûtait deux francs par trimestre. Au 1er janvier 1875 eut lieu un nouvel agrandissement de format, sans augmentation de prix.

feste, et ouvre ensuite la souscription pour les grévistes belges.

Plusieurs voix. — Nous n'avons pas d'argent à donner pour les grèves.

Joseph. — Il m'est impossible de donner quelque chose ce soir, il faut que je paie le cafetier.

Louis et *Edouard.* — Nous voudrions bien donner, mais nous avons perdu trop de temps cette semaine. Nous n'avons presque pas le sou.

Jacques (à Louis et à Edouard). — Ah, mes amis, ce n'est pas par les cris de Vive la Commune! Vive l'Internationale! poussés au *café*, qu'on fait du socialisme, mais en aidant ses frères qui luttent, et surtout en se rendant capable d'apporter son concours actif au mouvement.

Emile. — Je te remettrai quelque chose sitôt que les collègues m'auront rendu ce que je leur ai prêté au café; ils doivent me le rembourser ce soir.

Emile attend inutilement: les emprunteurs ont d'autres comptes à régler, plus pressants que ceux d'un jeune collègue d'atelier.

Achille. — Moi, je vais porter mes deux francs à la caisse d'épargne; je n'ai rien à donner pour les grévistes.

David et Auguste parlent de bouteilles de vin et de parties de billard.

Il y a eu six souscripteurs dans l'atelier.

7.

Le dimanche, vers une heure, la place publique est encombrée de monde. On forme le cortège; toutes les sociétés populaires sont présentes.

Arthur parcourt quelques groupes, et leur désigne Jacques, Jules et Alphonse, qui se promènent sans se mettre dans les rangs. On entend les épithètes de *mauvais patriotes*, d'*alliés des jésuites*, etc.

Monsieur N., en arrivant, salue plusieurs de ses ouvriers qui sont dans la foule ; il leur tend fraternellement la main, en leur disant : « Vous, au moins, vous êtes de bons citoyens ! »

David (l'abordant). — Bonjour, citoyen patron.

Le patron. — Bonjour, citoyen David. Vous êtes aussi là ? C'est bien.

David. — Dites donc, passez-moi cinq francs.

Le patron. — Diable, comme vous y allez !

Monsieur X. s'est approché pendant que David s'éloigne en clignant de l'œil et la pièce de cent sous dans la poche ; il dit à son ami N. : « C'est un de tes braves qui revient à la charge ? »

Monsieur N. — On ne peut pas faire un pas sans qu'un de ces *mistons* (1) vous demande de l'argent.

Jacques (à Jules ; tous deux ont entendu cette scène). — C'est cela : tandis que les ouvriers font les affaires politiques de ces messieurs, ceux-ci les appellent « bons citoyens », tout en se disant à l'oreille que ce sont des *mistons*, puisqu'il y en a qui vont jusqu'à leur demander une avance un jour d'élection.

Jules. — Je t'assure que cela m'attriste de songer aux difficultés que nous rencontrons. Nous avons des mœurs ouvrières déplorables, et c'est là un obstacle très sérieux à l'avancement de notre œuvre. Mais saurons-nous trouver

(1) *Miston* est un mot particulier à la Suisse romande, signifiant gueux, mendiant, voyou.

la force morale nécessaire pour montrer l'exemple d'une réforme dans ce sens ?

Jacques. — Mettons-nous à l'œuvre ; ne cherchons pas à faire de nous-mêmes des puritains en dehors de l'humanité, mais travaillons du moins à devenir des hommes conscients et conséquents.

X

LA LOI FÉDÉRALE SUR LE TRAVAIL DANS LES FABRIQUES (1)

La nouvelle constitution fédérale suisse contient à l'article 34 la disposition suivante :

« La Confédération a le droit de statuer des prescriptions « uniformes sur le travail des enfants dans les fabriques, « sur la durée du travail qui pourra y être imposé aux « adultes, ainsi que sur la protection à accorder aux ouvriers « contre l'exercice des industries insalubres et dange- « reuses. »

Dans les régions gouvernementales, dans certains cercles bourgeois, et dans les sections du *Schweizerischer Arbeiterbund* et de la Société du *Grütli*, on s'occupe en ce moment assez activement de la mise en pratique de l'article 34 de la constitution fédérale. Une Commission officielle a été instituée et chargée d'élaborer un projet de loi ; les parti-

(1) Article publié dans le *Bulletin de la Fédération jurassienne* de l'Internationale, numéro du 28 février 1875.

culiers et les associations ont été invités à faire parvenir leurs vœux en cette matière au Département fédéral des chemins de fer et du commerce.

Le mouvement pour la revision de la constitution suisse, malgré l'article relatif à la question ouvrière, nous avait laissés parfaitement indifférents. Aujourd'hui encore, nous restons étrangers à l'agitation qui se manifeste dans certains groupes ouvriers en vue de la confection d'une loi fédérale, plus ou moins favorable aux ouvriers, sur le travail dans es fabriques.

Nous expliquerons brièvement *pourquoi* et *comment* nous sommes abstentionnistes en cette matière.

*
* *

L'amélioration de la position de la classe ouvrière, et son émancipation finale, ne peuvent pas être le résultat de *réformes dans les lois ;* elles ne seront le résultat que de *transformations dans les faits économiques.*

Nous allons montrer d'abord l'impossibilité pratique de faire exécuter une loi fédérale sur le travail dans les fabriques.

La loi déterminera le nombre légal des heures de travail, l'âge auquel les enfants peuvent entrer dans les établissements industriels, les dispositions protectrices spéciales aux femmes et aux enfants, les conditions d'hygiène dans lesquelles doivent être entretenus les locaux où s'exécute le travail, les garanties accordées aux ouvriers et à leurs familles dans les cas de blessures ou de mort, occasionnés par le manque de surveillance, et par l'état défectueux des machines dans les fabriques.

Par ces dispositions légales, l'Etat suisse se constituera le protecteur des ouvriers contre les chefs d'établissements industriels, il s'ingérera dans les affaires industrielles du pays. Il y aura des inspecteurs d'arrondissement qui seront chargés de veiller à l'exécution de la loi fédérale.

Voyez-vous ces inspecteurs fédéraux, se faisant ouvrir les portes des fabriques, faisant trembler sous leurs regards scrutateurs les grands industriels, visitant tous les locaux, s'assurant de l'état des machines, des conditions hygiéniques, prenant sympathiquement note de tous les griefs des ouvriers, des ouvrières et des enfants ?

Quelle plaisanterie !

Voici tout bonnement comment les choses se passeront dans la réalité :

Un Monsieur bien mis, habitué aux manières du monde bourgeois, se fait annoncer auprès du chef d'un établissement comme inspecteur fédéral. Monsieur X., le fabricant, s'empresse de descendre, et, après mille courbettes et un cordial échange de politesses, il entraîne l'inspecteur dans son appartement particulier. Là, en déjeunant, il explique à son hôte la situation exceptionnellement bonne de l'établissement, les conditions avantageuses où se trouvent les ouvriers, etc. ; il n'y a qu'une ombre au tableau, selon le fabricant, c'est le tort que la limitation des heures de travail a fait à l'industrie. Puis, bras dessus bras dessous, l'intègre inspecteur et Monsieur X. s'en vont faire un tour dans les ateliers. Les esclaves blancs jettent un regard d'espoir du côté de l'inspecteur : celui-ci passe fièrement, et la comédie est jouée. Le budget de la Confédération suisse a été grevé de quelques milliers de francs de plus pour entretenir une nouvelle variété de parasites.

Cependant, de temps à autre, il faudra un exemple. Une plainte sera déposée par un inspecteur contre tel ou tel chef d'établissement. Qui sera juge? Les autorités fédérales, c'est-à-dire les frères, les cousins, les amis des propriétaires de fabriques; des bourgeois seront arbitres entre la bourgeoisie et le peuple. Qui appuiera la plainte? Les ouvriers de l'établissement? Le jour où Monsieur Y. a su qu'une plainte était portée contre lui, il a parcouru sa fabrique et, furieux, il a menacé quiconque oserait porter un témoignage contre lui d'être congédié, et les pauvres ouvriers se sont tus.

*
* *

Montrons maintenant que la loi serait inutile et superflue.

Nous pouvons prendre pour exemple la limitation des heures de travail.

Il est un fait malheureusement avéré, c'est que, parmi les ouvriers, tous ne partagent pas nos vues sur la réduction des heures de travail; il est certaines industries, certaines régions, où la masse ouvrière juge cette question absolument au point de vue des bourgeois. Pour ceux-ci, l'ouvrier est une machine qui doit produire le plus possible; les questions d'humanité, de développement intellectuel et moral, d'hygiène, ne sont pas, selon eux, applicables aux ouvriers; et lorsque ceux-ci demandent à ne travailler que dix heures par jour au lieu de onze, MM. les bourgeois les traitent de monstres de paresse, dignes du mépris public. Combien d'ouvriers envisagent encore la question à ce même point de vue!

Que pourra faire une loi fédérale contre cette catégorie d'ouvriers ? Complices de leurs patrons, par servilisme ou ignorance, ils se prêteront à toutes les machinations de leurs maîtres pour éluder la loi. Les moyens ne manqueront pas : surcroît de travail exceptionnel par suite de fortes commandes dont la non-exécution, prétendra-t-on, entraînerait la ruine de l'établissement ; baisses de salaires proportionnelles à la réduction des heures de travail, etc.

Pour les ouvriers favorables à la diminution des heures de travail, une loi n'avancera en rien la question. Lorsque les ouvriers jugeront le moment opportun pour introduire cette réforme dans tel métier, ils sont parfaitement en état de le faire *par l'action des sociétés de résistance*. Au lieu d'implorer de l'Etat une loi astreignant les patrons à ne faire travailler que tant d'heures, la société de métier *impose directement* aux patrons cette réforme ; de la sorte, au lieu d'un texte de loi restant à l'état de lettre morte, il s'est opéré, *par l'initiative directe des ouvriers*, une transformation dans un fait économique (1).

Ce que la société de résistance peut faire pour la réduction des heures de travail, elle peut également le réaliser au point de vue du travail des femmes et des enfants, des conditions hygiéniques, des garanties en cas de blessures ou de mort au service d'un patron, et dans bien d'autres questions encore.

— Très bien, nous dira-t-on ; mais ces réformes *opérées directement par les ouvriers* dans leurs métiers respectifs, ne serait-il pas utile de leur donner une sanction légale ?

Nous répondons : « Cette sanction ne peut avoir aucune valeur : car si la situation économique, si la puissance de

(1) Voilà, clairement exposée, la méthode qu'on appelle aujourd'hui l'*action directe*, et que préconisait déjà l'Internationale.

l'organisation ouvrière font de ces réformes un fait qui pénètre dans les mœurs publiques, elles resteront acquises, et leur vraie garantie se trouvera dans la pression exercée par l'organisation ouvrière ; tandis qu'au contraire, si une situation économique défavorable, un relâchement dans l'organisation ouvrière devaient amener une réaction contre ces réformes, aucune sanction légale ne serait capable d'arrêter cette réaction. »

La tendance de certains groupes ouvriers d'attendre et de réclamer toutes les réformes de l'initiative de l'Etat, nous paraît un immense danger. En attendant tout de l'Etat, les ouvriers n'acquièrent point cette confiance en leurs propres forces qui est indispensable à la marche en avant de leur mouvement ; ils s'habituent à considérer l'Etat comme une Providence qui veille sur eux ; ils ne font rien par eux-mêmes ; leur action se borne à quelques pétitions innocentes qu'ils adressent au gouvernement ; le grimoire des lois s'accroît de quelques nouveaux textes, et la position ne change en rien.

Au lieu de cela, si les ouvriers consacraient toute leur activité et toute leur énergie à l'organisation de leurs métiers en sociétés de résistance, en fédérations de métiers, locales et régionales ; si, par les meetings, les conférences, les cercles d'études, les journaux, les brochures, ils maintenaient une agitation socialiste et révolutionnaire permanente ; si, joignant la pratique à la théorie, ils *réalisaient directement*, sans aucune intervention bourgeoise et gouvernementale, toutes les réformes immédiatement possibles, la cause du travail serait mieux servie que par le recours à l'intervention législative, que préconisent les hommes du *Schweizerischer Arbeiterbund* et le parti radical suisse.

La classe ouvrière prendrait position contre la bourgeoisie de toutes les nuances, elle aurait conscience de son œuvre et acquerrait la confiance en sa propre action.

C'est là notre programme : nous rejetons toutes les fictions légales, et nous nous consacrons à une action permanente de propagande, d'organisation, de résistance, jnsqu'au jour de la Révolution sociale.

XI

LA QUESTION DES SERVICES PUBLICS DEVANT L'INTERNATIONALE

Rapport présenté au Congrès jurassien tenu à Vevey, les 1er et 2 août 1875, par la Section des graveurs et guillocheurs du district de Courtelary (1).

1.

Introduction.

La question de l'organisation des services publics dans la société future, mise à l'ordre du jour du Congrès général de l'Internationale tenu à Bruxelles l'an dernier, après les débats qui ont eu lieu dans notre Association sur les principes fondamentaux de son existence, a de nouveau attiré l'attention de tous les socialistes sur les problèmes d'une nouvelle organisation sociale. — Les travaux présentés au Congrès de Bruxelles, les délibérations, les cri-

(1) Brochure in-16, de 15 pages, sans nom d'imprimeur. Elle fut imprimée à Neuchâtel, à l'imprimerie L.-A. Borel (ancienne imprimerie G. Guillaume fils).

tiques qui s'ensuivirent, ont démontré qu'il était nécessaire de bien établir les termes de la question. En effet, les plans d'organisation des services publics, les détails mêmes de cette organisation, se heurtent à cette grande question : Où marchons-nous, quel sera l'édifice social qui sortira de nos luttes ?

Après ce qui a été dit déjà sur la question des services publics, il est manifeste que deux grands courants d'idées, en ce qui concerne la réorganisation sociale, vont se partager le monde socialiste, l'un tendant à l'Etat ouvrier, l'autre à la Fédération des communes.

Quelques-uns pensent qu'il n'y a, au fond de ce grand débat, qu'une question d'expressions différentes de la même idée. Mais les discussions relatives à la question des services publics ne peuvent plus laisser de doute à cet égard : il s'agit bien de deux choses différentes. C'est ce que nous nous efforcerons de démontrer. Nous étudierons la question des services publics au point de vue de l'Etat ouvrier et au point de vue de la Fédération des communes, et nous terminerons en la mettant en présence de l'histoire et de la Révolution sociale.

2.

L'Etat ouvrier.

Le travail le plus important présenté au Congrès de Bruxelles (1874) sur la question des services publics fut celui de la Section bruxelloise, puis vint le travail de la Section de propagande de Genève.

La Section bruxelloise détermine la différence à établir entre service privé et service public, recherche quelles sont les nécessités qui poussent à ce que telle branche de l'activité humaine devienne service public, étudie l'organisation et l'administration des services publics par la Commune, l'Etat, la Confédération internationale, suivant l'importance restreinte ou générale de tel service public. Dans la conception des auteurs du mémoire bruxellois, le caractère autoritaire, policier, militaire, religieux, voire même politique et gouvernemental de la Commune et de l'Etat aurait disparu, et la Commune et l'Etat, réorganisés fédérativement de bas en haut, ne seraient plus que les agences nécessaires à la coordination de l'activité économique et scientifique des peuples. Mais le mémoire bruxellois ne dit pas ce que seraient cette Commune et cet Etat par rapport à la liberté absolue du groupement, et il est permis, après les débats du Congrès de Bruxelles, de supposer que cette liberté serait sacrifiée à l'ordre social, comme elle l'est aujourd'hui.

Le mémoire de la Section de propagande de Genève, bien moins détaillé, détermine quels doivent être les services publics dans la société réorganisée, quels sont ceux qui incombent à la Commune et à la Fédération des Communes ; mais ce mémoire ne dit rien quant à la formation de la Commune et des Fédérations de Communes, et nous craignons encore que même la conception des socialistes de la Section de Genève n'aboutisse, par l'organisation des services publics, à la reconstitution de l'Etat autoritaire.

Quelle est l'idée fondamentale des Etats modernes, et par quelles nécessités les partisans de l'Etat justifient-ils son existence ? C'est que, dans toutes les relations entre les hommes, il y a des rapports purement privés, mais qu'il en existe d'essentiels qui concernent tout le monde ; de là la nécessité d'un ordre public, au moyen duquel on assure le jeu régulier des rapports publics et généraux entre les hommes. Qu'on médite bien le mémoire bruxellois, et on trouvera que la conception de l'Etat ouvrier, qui y domine, est absolument, quant au fond, semblable à celle de l'Etat actuel.

Voici venir les objections : L'Etat réorganisé, dirigé, administré par les classes ouvrières, aura perdu le caractère d'oppression, d'exploitation qu'il a actuellement entre les mains de la bourgeoisie ; au lieu d'une organisation politique, judiciaire, policière, militaire qu'il est maintenant, il sera une agence économique, le régulateur des services publics organisés suivant les nécessités sociales et l'application des sciences.

Mais rendons-nous compte du fonctionnement d'un Etat pareil. L'action politique légale ou la Révolution sociale ont mis entre les mains de la classe ouvrière la direction de la Commune et de l'Etat. Ce que veulent les classes ouvrières, — l'émancipation du travail de toute domination, de toute exploitation du capital, — elles peuvent le réaliser. Il faut que l'instrument de travail devienne propriété collective, que la production soit organisée, que l'échange se fasse, que la circulation favorise l'échange, qu'une instruction et une éducation scientifiques, humaines, remplacent l'ignorance actuelle ; que des conditions hygiéniques garantissent l'existence des individus et de la société ; que la sécurité publique remplace l'antagonisme actuel, le jeu criminel des passions haineuses et des rivalités brutales. Le prolétariat, devenu dictateur dans l'Etat, décrète la propriété collective et l'organise, au profit soit des Communes, soit de l'Etat ; il établit les conditions dans lesquelles doivent être utilisés les instruments de travail, pour sauvegarder les intérêts de la production, des groupes producteurs, et ceux des communes et de l'Etat ; puis il détermine le fonctionnement de l'échange des produits, organise et développe les moyens de circulation ; élabore un programme d'instruction et d'éducation de la jeunesse, en remet l'exécution soit à la Commune, soit à l'Etat ; établit un service sanitaire communal et général ; prend les mesures nécessaires pour assurer la sécurité publique dans les Communes et l'Etat.

Dans tout ce qui concerne ainsi l'organisation sociale, le prolétariat doit d'abord distinguer ce qui est de l'initiative privée et ce qui appartient à l'initiative publique, ce qui est service privé et ce qui est service public, ce qui est du domaine de la Commune, ce qui relève de l'Etat. Exactement comme cela se passe aujourd'hui.

Ce travail de distinction, d'élimination du privé de ce qui est public, d'organisation de tout ce qui est public, de tout ce qui relève de la Commune et de l'Etat, le prolétariat, pris en corps, ne peut l'opérer directement. Il faut que son opinion, sa volonté générale se décomposent, s'analysent, et pour cela il faut les personnifier dans des représentants qui iront, à la tribune parlementaire, défendre l'opinion de leurs commettants. Toujours comme cela se passe aujourd'hui.

Comment ces parlements d'ouvriers seront-ils constitués ? Il n'y a pas d'autre moyen que le fameux suffrage universel. Il y aura donc encore la minorité à qui la majorité fera la loi, ou *vice versa;* car, l'Etat étant reconnu nécessaire pour sauvegarder les intérêts publics, la loi de l'Etat sera obligatoire pour tous, et ceux qui chercheront à s'y soustraire seront traités comme des criminels. Cet Etat ouvrier, qui devait être organisé pour la satisfaction des intérêts économiques de la société, le voilà lancé à pleines voiles dans la législation, la juridiction, la police, l'armée, l'école et l'église officielles. Du moment qu'il y a loi de l'Etat, d'une part, et, d'autre part, diversité d'intérêts à satisfaire, il est inévitable qu'il y ait majorité ou minorité hostile à cette loi. Si l'Etat ne possède pas la puissance de faire exécuter la loi, celle-ci ne sera pas observée, et l'action de l'Etat sera déconsidérée, annulée. La raison d'Etat nécessite donc la formation d'une puissance capable de réprimer toute tentative de rébellion contre la constitution et les lois de l'Etat. Toute l'organisation judiciaire pour punir les atteintes portées aux bases, à l'ordre, aux lois de l'Etat ; la police pour surveiller l'observation des lois ; l'armée pour comprimer la révolte si elle éclate, pour protéger l'Etat contre les atteintes des autres Etats, sont des conséquences nécessaires du principe fondamental de l'existence de l'Etat. Si ces services publics, comme on les a appelés jusqu'à ce jour, sont nécessaires à l'existence matérielle de tout Etat, l'école et l'église officielles ne sont pas moins nécessaires à son existence morale. Il faut que les intelligences acceptent cette domination absolue de l'Etat comme la chose la plus naturelle du monde ; aussi tout l'enseignement public, par l'école et l'église, est-il fondé sur le respect absolu de tout ce qui se rattache à l'Etat. Et dans l'Etat ouvrier, auquel on assigne comme caractère essen- la fonction de régulateur économique, toute l'organisation de la propriété, de la production, de l'échange, de la circulation sera, entre les mains de la majorité ou de la minorité qui aura la direction des affaires, un moyen de domination bien autrement puissant que les fonctions politiques, juridiques, policières, militaires exercées actuellement par les bourgeois au pouvoir. — Plus que les bourgeois, les ouvriers, maîtres de l'Etat, se montreront impitoyables contre toute atteinte portée à leur Etat, parce qu'ils croiront avoir réalisé le plus parfait idéal.

L'Etat ouvrier ne nous paraît donc pas présenter, au problème de réorganisation sociale, une solution qui soit conforme aux intérêts de l'humanité ; celle-ci ne serait point mancipée parce que l'instrument de travail, l'organisation du travail, certains services publics seraient du domaine de l'Etat ou de la Commune ; la répartition équitable des fruits de la production, le bénéfice d'une meilleure instruction et éducation, les jouissances de la vie sociale seraient certes mieux assurés à chacun que dans l'ordre de choses actuels, mais l'autonomie complète de l'individu et du groupe ne serait point réalisée, et, pour que l'homme soit émancipé, il faut qu'il le soit comme travailleur et comme individu.

3.

La Fédération des Communes.

L'idée précise de la Fédération des Communes est loin d'être formulée ; et notre travail ne sera qu'une bien faible étape sur la route de défrichement du problème social. Poser la question de réorganisation sociale en employant la formule soumise aux délibérations du Congrès de Bruxelles (1), c'était inévitablement égarer les intelligences sur les véritables termes de la question, c'était d'avance conclure à l'Etat ouvrier. De même que cet Etat, pour être définitivement éliminé des conceptions des travailleurs, devra recevoir de plus complètes atteintes que la critique que nous lui consacrons dans le précédent chapitre, de même la Fédération des Communes, pour sortir victorieuse de nos débats, devra être démontrée plus complètement.

Pour résoudre rationnellement le problème de la réorga-

(1) La question placée à l'ordre du jour du Congrès général de Bruxelles, en 1874, avait été posée en ces termes : « Par qui et comment seront faits les services publics dans la nouvelle organisation sociale ? »

nisation sociale, il ne fallait pas demander « par qui et comment seront faits les services publics dans la nouvelle organisation sociale », mais se demander quelles seraient les bases de la société nouvelle.

Une fois la question ainsi posée, nous n'avions qu'à ouvrir l'histoire de l'Association internationale des travailleurs, et nous y trouvions la réponse.

En effet, deux principes, d'une conséquence historique immense, se sont dégagés des débats et des luttes intestines qui ont agité notre Association : le principe de la propriété collective, comme base économique de la nouvelle organisation sociale, et le principe d'autonomie et de fédération, comme base de groupement des individus et des collectivités humaines. Pour rechercher quelle serait la nouvelle organisation sociale, pourquoi, au lieu de se rendre compte des conséquences nécessaires de l'application des deux principes énoncés ci-dessus, se demander ce qui serait service privé et ce qui deviendrait service public, par qui et comment seraient faits ces services publics ? En raisonnant rationnellement, on eût dû se dire : Nous nous trouvons en présence de la nécessité de transformer la propriété individuelle en propriété collective : quel est le moyen le plus pratique d'opérer cette transformation ? — C'est que les travailleurs s'emparent directement des instruments de travail, qu'ils ont fait fonctionner au profit des bourgeois et qu'ils doivent désormais faire fonctionner à leur propre profit. Cette mesure révolutionnaire est supérieure en pratique à tous les décrets des assemblées dictatoriales qui se croiraient autorisées à diriger la Révolution ou l'émancipation intégrale des classes travailleuses ; et l'action spontanée des masses populaires, d'où elle peut seule sortir, est, dès les premiers actes de la Révolution, l'affirmation pratique du principe d'autonomie et de fédération, qui devient la base de tout groupement social. Avec les privilèges économiques de la bourgeoisie, ont sombré, dans cette tempête révolutionnaire, toutes les institutions de l'Etat au moyen desquelles la bourgeoisie maintient ses privilèges.

Etudions maintenant les conséquences, au point de vue de la réorganisation sociale, d'une pareille révolution. Dans une localité quelconque, les différents corps de métiers sont maîtres de la situation : dans telle industrie, l'outillage utilisé est de minime valeur ; dans telle autre, il est d'une valeur considérable et d'une utilité plus générale ; si le groupe des producteurs employés dans cette industrie doit être propriétaire de l'outillage utilisé, cette propriété peut créer un monopole pour un groupe de travailleurs, au détriment des autres groupes. Les nécessités révolutionnaires, qui ont poussé les groupes travailleurs à une action identique, leur dictent également des pactes de fédération, au moyen desquels ils s'assurent mutuellement les conquêtes de la Révolution ; ces pactes, nécessairement, seront communaux, régionaux, internationaux, et contiendront les garanties suffisantes pour qu'aucun groupe ne puisse accaparer à lui seul les bénéfices de la Révolution. C'est ainsi que la propriété *collective* nous paraît devoir être tout d'abord communale, puis régionale et même internationale, suivant le développement et l'importance plus ou moins générale de telle branche de l'activité humaine, de telle richesse naturelle, de tels instruments de travail accumulés par un travail antérieur.

Quant à la constitution des groupes de producteurs, la spontanéité des intérêts révolutionnaires qui leur ont donné naissance sera le point de départ de leur organisation, et du développement de cette organisation au point de vue de la réorganisation sociale. S'étant groupés librement pour l'action révolutionnaire, les travailleurs continueront ce libre groupement pour l'organisation de la production, de l'échange, de la circulation, de l'instruction et éducation, de l'hygiène, de la sécurité ; et de même que, dans les luttes révolutionnaires, l'attitude hostile d'un individu dans tel groupe, d'un groupe dans telle Commune, d'une Commune dans telle région, d'une région dans l'internationalité, n'ont pu empêcher la marche triomphante de la Révolution, de même l'isolement, lorsqu'il s'agira du développement des conquêtes de la Révolution, ne pourra arrêter la marche progressive des masses travailleuses agissant librement.

Qu'on remarque bien la différence essentielle entre l'Etat ouvrier et la Fédération des Communes. L'Etat détermine ce qui est service public et l'organisation de ce service public : voilà l'activité humaine réglementée. Dans la Fédération des Communes, aujourd'hui le cordonnier travaille chez lui dans sa chambre ; demain, par l'application d'une découverte quelconque, la production des chaussures peut être centuplée et simplifiée à la fois : les cordonniers alors s'unissent, se fédèrent, établissent leurs ateliers, leurs manufactures, et entrent ainsi dans l'activité générale. Il en est de même de toutes les branches de l'activité humaine : ce qui est restreint s'organise d'une manière restreinte, ce qui est général, d'une manière générale, tant dans les groupes que dans les Communes et les Fédérations. C'est l'expérience, le développement de chaque jour, mis au service de la liberté et de l'activité humaines.

Que sont devenus, dans cette organisation, les services publics de l'Etat actuel, sa législation, sa juridiction, sa police, son armée, son école et son église officielles ? Le libre contrat a remplacé la loi ; s'il y a des conflits, ils sont jugés par des tribunaux d'arbitres dans les groupes où éclatent ces conflits ; et quant aux mesures de répression, elles n'ont plus leur raison d'être dans une société fondée sur la libre organisation, l'organisation et l'action de tel groupe ne pouvant en aucune manière me nuire si l'organisation et l'action du groupe auquel j'appartiens sont également respectées, et cette organisation et cette action pouvant difficilement s'écarter des intérêts de l'humanité émancipée, après que la Révolution sociale aura balayé toutes les conséquences pratiques du bourgeoisisme. Un service de sécurité pourra peut-être encore avoir son utilité temporaire, mais ce ne pourra plus être une institution ayant un caractère général, indispensable, vexatoire, oppressif, comme dans l'ordre actuel.

L'humanité pourra s'élancer libre dans les recherches scientifiques, en appliquant les découvertes nouvelles dans l'intérêt de tous.

4.

La question devant l'histoire et devant la Révolution sociale.

Il est incontestable que la question, au point de vue pratique, se tranchera suivant le degré de développement socialiste des masses travailleuses dans chaque pays, et aussi suivant les premiers pas, plus ou moins décisifs, de la Révolution sociale. Il n'y a aujourd'hui que les ignorants et les gens de mauvaise foi qui osent affirmer que la solution du problème social peut se produire autrement que par la Révolution. Nous sommes heureux de constater que nos frères d'Allemagne, malgré le caractère légal de leur agitation socialiste actuelle, sont d'accord avec nous sur ce point. Mais la Révolution peut se produire de deux façons : elle peut avoir pour but immédiat, et pour base d'action en même temps, la conquête, par les classes ouvrières, du pouvoir politique dans l'Etat actuel et la transformation de cet Etat bourgeois en Etat ouvrier ; elle peut, d'un autre côté, avoir pour but immédiat, et également pour base d'action, la destruction de tout Etat et le groupement spontané et fédératif de toutes les forces révolutionnaires du prolétariat. Si l'action révolutionnaire peut varier d'un pays à l'autre, elle est également susceptible de variation dans les Communes d'un même pays ; ici la Commune conservera un caractère autoritaire et gouvernemental, et même de bourgeoisisme ; ailleurs le coup de balai sera complet. Si on se rend bien compte de la situation actuelle des peuples dans les différents Etats civilisés, et des conceptions diverses, en ces matières, qui ont encore cours, on comprendra qu'il est inévitable que la Révolution présente un caractère extrême de variété. Nous verrons sans doute toutes les théories socialistes, le communisme, le collectivisme, le mutuellisme, recevoir une application plus ou moins restreinte ou générale, selon les grands courants que suivra la Révolution.

Comment en serait-il autrement, quand nous voyons aujourd'hui un grand pays comme l'Allemagne s'attacher à l'idée de l'Etat ouvrier, et d'autres, comme l'Italie et l'Espagne, à l'idée de la Fédération des Communes? Cette diversité de tendances révolutionnaires a été, pour la bourgeoisie, un sujet d'accuser le socialisme d'impuissance. Avec un peu de clairvoyance, il est facile cependant de constater que, si des divergences existent dans la conception d'une nouvelle organisation sociale, les classes ouvrières sont de plus en plus unies pour faire crouler l'édifice bourgeois. Et cette divergence ne peut pas être une cause d'impuissance, mais, au contraire, une cause de force, dans ce sens que les groupes travailleurs, en réalisant leur conception particulière et en respectant la réalisation des conceptions des autres groupes, auront tous un plus grand intérêt au triomphe de la Révolution.

En quoi cela arrêtera-t-il la marche révolutionnaire du prolétariat, que les Allemands réalisent l'Etat ouvrier, tandis que les Italiens, les Espagnols, les Français, réaliseront la Fédération des Communes? et même qu'en France, certaines communes conservent la propriété individuelle, tandis que la propriété collective triomphera dans d'autres ?

Ces réserves faites, nous avons cependant la conviction que l'organisation la plus favorable au développement des intérêts de l'humanité finira par s'imposer partout, et que les premières manifestations révolutionnaires seront déterminantes pour le développement successif des étapes de la Révolution. Cette conviction, nous la poussons jusqu'à affirmer que ce sera la Fédération des Communes qui sortira avec le plus de puissance de la Révolution sociale.

On a reproché à cette Fédération des Communes d'être un obstacle à la réalisation d'une entente générale, d'une union complète des travailleurs, et de ne pas présenter, au point de vue de l'action révolutionnaire, la même puissance d'action qu'un Etat.

Mais comment se fait-il que les groupes travailleurs, librement fédérés dans l'Internationale, pratiquent la solidarité, s'entendent, se mettent d'accord ? C'est que la même situation économique les pousse à la pratique de la solidarité. Que sera-ce, alors que leur action sera débarrassée de toutes les entraves que lui oppose l'ordre actuel ?

Comment se fait-il que l'Internationale augmente en puissance d'action tant qu'elle est une fédération, tandis qu'elle se déchire sitôt qu'un Conseil général veut en faire un Etat? C'est que les travailleurs ont la haine de l'autorité, qu'ils veulent être libres, et qu'ils ne seront puissants que par la pratique de cette large et complète liberté.

Oui, notre Association a été la démonstration de la fécondité du principe d'autonomie et de libre fédération ; et c'est par l'application de ce principe que l'humanité pourra marcher vers de nouvelles conquêtes pour assurer le bien-être moral et matériel de tous.

Les délégués de Berne avaient reçu de leur Section, au sujet de la question des services publics, le mandat suivant, dont le Congrès de Vevey a décidé l'impression à la suite du rapport de la Section des graveurs et guillocheurs du district de Courtelary :

« Considérant que l'observation démontre que le travail perd tous les jours l'apparence du travail individuel pour se constituer en travail collectif ou social ;

« Que, pour des causes qu'il serait intéressant de rechercher, les services publics ne sont que cette partie du travail social qui la première s'est constituée collectivement ;

« La Section de Berne pense que la question doit être posée en ces termes :

« *Quelle sera après la Révolution l'organisation du travail social ?*

« Dans le cas où le Congrès jurassien aborderait la question en ces termes, les délégués de la Section combattront toute organisation par l'Etat ; ils repousseront l'Etat fédéral comme l'Etat centralisé. »

LE RADICALISME ET LE SOCIALISME (1)

Le Comité central de la Fédération ouvrière du district de Courtelary m'ayant honoré d'une invitation à donner une conférence publique, j'ai choisi comme sujet de cette conférence *le Radicalisme et le Socialisme.*

Le parti radical, dans tous les pays, se présente au peuple comme le parti le plus avancé, le plus conforme aux intérêts populaires, tandis qu'il veut faire passer les tendances socialistes, soit comme une folle tentative, soit comme une combinaison criminelle de gens misérables et envieux.

Poussé par les événements de ces dernières années, le parti radical a fini toutefois par s'affubler d'un manteau socialiste couleur rose, et, selon les circonstances électorales, il fait miroiter aux yeux du peuple certaines réformes so-

(1) *Le Radicalisme et le Socialisme,* conférence publique, par Adhémar Schwitzguébel ; brochure de 40 p. in-16; Saint-Imier, 1876. — Cette conférence fut faite à Berne le samedi 26 février 1876, et répétée ensuite à Sonvillier le 28, à Saint-Imier le 29, à Neuchâtel le 11 mars. C'est le texte de la conférence tel qu'il avait été lu à Saint-Imier qui a été imprimé.

La brochure a été publiée à Neuchâtel, à l'imprimerie L.-A. Borel (sans nom d'imprimeur).

ciales des plus anodines, mais que l'on fait passer pour des panacées. Je crois donc qu'il n'est pas inutile de mettre en présence les tendances du radicalisme et celles du socialisme, non seulement d'une manière générale, mais en les examinant parallèlement sur chacun des points essentiels qui constituent notre vie économique et politique.

Il est clair que, dans ce travail, je dois faire abstraction de toutes les petites nuances locales, et m'en tenir aux manifestations générales des partis.

Le parti radical ne porte pas partout la même dénomination ; en Suisse, par exemple, dans la politique fédérale, le parti avancé s'intitule parti *radical ;* dans la politique cantonale, en certains cantons, le parti avancé prend le nom de *démocratique*, dans d'autres celui de *radical*, dans la plupart celui de *libéral* (1). Ces diverses dénominations sont toutes des expressions différentes de cette même tendance à opérer les réformes en conservant les bases actuelles de l'ordre économique et politique.

Le socialisme, aujourd'hui, n'est plus la doctrine de telle ou telle école systématique. Par le mouvement général des classes ouvrières, par l'Association internationale des travailleurs, par la Commune de Paris, le socialisme est devenu l'expression des tendances des masses travailleuses, non seulement à améliorer leur position, mais à s'émanciper complètement de la domination et de l'exploitation bourgeoises.

Maintenant que nous nous sommes reconnus, abordons le terrain pratique ; nous nous reconnaîtrons mieux encore.

(1) Dans le canton de Berne, par exemple, les radicaux se donnent à eux-mêmes le nom de *libéraux*. Il faut noter toutefois qu'il y a des cantons, comme ceux de Genève et de Neuchâtel, où le parti qui s'appelle *libéral* est le parti conservateur et clérical.

*
* *

Ce qui constitue le fond essentiel de l'existence des individus et de l'humanité, c'est certes la question économique, la question du pain. C'est par elle que j'aborderai cette étude.

En plaçant en première ligne la question économique, nous nous trouvons tout d'abord en contradiction avec toutes les nuances du parti radical. Chez les hommes d'Etat comme chez les hommes de l'Eglise, nous constatons un souverain mépris pour ces misérables questions matérielles, tandis qu'ils exaltent les questions politiques et religieuses. L'idéal de l'humanité, selon eux, ce n'est pas une constitution scientifique de la propriété, de la production, de l'échange, de la circulation, c'est un Etat puissant, une Eglise consolatrice des misères de ce monde.

Mais les politiqueurs aussi bien que les théologiens sont impuissants à arrêter la marche des événements, et nous constatons que les questions économiques s'imposent chaque jour davantage, tandis que la décadence réelle des Etats et des Eglises, malgré leur puissance artificielle actuelle, devient inévitable.

Qu'entend-on par questions économiques? Ce sont les questions se rattachant à la constitution de la propriété, à la production, à la consommation des richesses.

La question de la propriété est fondamentale. De la solution qu'on lui donne dépendent toutes les notions sur l'organisation de la société humaine. Une fois cette question bien élucidée, et toute équivoque devenue impossible sur ce point, les autres questions, loin de nous paraître insolubles, se présenteront comme des questions secondaires, dont la solution ne sera plus que la conséquence de la solution donnée au problème de la propriété.

Le parti radical, au point de vue de la propriété, est aussi conservateur que le parti le plus rebelle à toute amélioration sociale. La propriété individuelle est un dogme consacré du parti radical, et nous avons vu, dans ces dernières années, l'association radicale par excellence, la Ligue de la paix et de la liberté (1), se montrer, sur ce terrain, aussi conservatrice que n'importe quel congrès d'économistes bourgeois. C'est à cette occasion qu'eut lieu la rupture définitive entre les socialistes révolutionnaires et les radicaux de la Ligue de la paix et de la liberté (2).

La propriété n'est pas considérée, par les radicaux, comme un fait qui se modifie, qui se transforme ; c'est à leurs yeux une chose immuable, et la forme d'appropriation individuelle est estimée comme absolument légitime, en dehors de toute contestation. En effet, disent les radicaux aussi bien que les conservateurs, si vous enleviez au travail le stimulant de l'appropriation individuelle, vous arrêteriez la production, et l'humanité retomberait dans la plus sauvage barbarie.

C'est l'argument essentiel, contenant en lui toutes les autres objections, qu'on oppose à une transformation de la propriété.

Si nous observons les choses, nous remarquons que les faits démentent absolument l'argumentation des partisans de la propriété individuelle. Nous laisserons de côté les di-

(1) C'est une association internationale qui fut fondée au Congrès de la paix tenu à Genève en septembre 1867.

(2) Au congrès de Berne, en septembre 1868. Ceux des socialistes révolutionaires qui, comme Bakounine, Elisée Reclus, Fanelli, etc., faisaient partie de la Ligue de la paix, sortirent alors de cette Ligue et fondèrent l'Alliance de la démocratie socialiste, qui adhéra à l'Internationale.

verses transformations qu'a subies la constitution de la propriété durant l'histoire, et nous étudierons ce que nous pouvons voir de nos propres yeux.

Prenons les deux manifestations essentielles de l'activité humaine : l'agriculture et l'industrie.

Si les paysans n'étaient pas propriétaires individuels du sol qu'ils cultivent, nous dit-on, ils n'auraient point d'intérêt à faire fructifier le sol, et l'une des sources essentielles de l'existence humaine serait tarie. D'après cette argumentation, tous les cultivateurs sont censés être propriétaires du sol qu'ils cultivent. Les statistiques de tous les pays nous apprennent cependant que le paysan propriétaire devient de plus en plus une exception, et que dans certains pays la grande propriété est le fait dominant. Dans d'autres, où la petite propriété est encore dominante, l'agriculture est dans un état d'infériorité frappante, les propriétés des paysans sont grevées d'hypothèques, et peu à peu le grand capital ruine les petits propriétaires et s'enrichit de leurs dépouilles.

La science condamne irrévocablement la petite culture (1), et démontre, par une observation rigoureuse et par l'expérimentation, les avantages de la grande culture. Or, la grande culture n'est possible qu'avec la grande appropriation. Voici à ce sujet un passage remarquable d'un rapport présenté par la Section bruxelloise au Congrès général de l'Internationale tenu à Bruxelles en septembre 1868 :

« Pour que la terre fournisse aux hommes son maximum de produits, il est nécessaire d'appliquer au travail agricole toutes les connaissances acquises sur le reboisement des montagnes, le défrichement des landes, le dessèche-

(1) Cette affirmation nous paraît aujourd'hui trop absolue, et Kropotkine a montré, par des faits, que dans certaines conditions la petite culture intensive, aidée par la science, réalise des merveilles.

ment des terres marécageuses, l'irrigation des terres arides, les assolements, les amendements, les engrais, les prairies tant naturelles qu'artificielles. Or, l'application de ces connaissances n'est possible qu'avec la culture en grand. Ainsi, pour ne parler que des assolements, on sait aujourd'hui que chaque plante, ou du moins chaque famille de plantes prend au sol un ou plusieurs sels particuliers : la bourrache et les solanées prennent surtout au sol du salpêtre ou nitrate de potasse, les légumineuses, du plâtre ou sulfate de chaux, et ainsi de suite ; c'est ce qu'on a appelé la *sélection végétale*. On sait aussi que les excrétions de certains végétaux sont favorables à d'autres végétaux : que, par exemple, les excrétions des légumineuses sont très favorables à la bonne venue des céréales ; quel est le cultivateur qui ne sait qu'un champ qui aura porté du trèfle est très propre à donner une belle récolte de froment ? C'est sur ces données expérimentales, expliquées du reste par la physiologie botanique, qu'est fondée la théorie des assolements ; mais cette théorie ne peut être appliquée à la petite culture, parce que le petit cultivateur est forcé de planter dans son champ ce qui lui est le plus immédiatement nécessaire, des céréales et des pommes de terre, puis des pommes de terre et des céréales ; il ne peut faire alterner ces cultures avec celles des raves, des turneps et des plantes fourragères, dont il n'a que faire.

« Et ce que nous disons des assolements est vrai aussi pour les engrais. Les troupeaux de bœufs et de moutons, en même temps qu'ils fournissent par leur chair un des aliments essentiels de l'homme, et par leur cuir ou leur laine d'utiles vêtements, restituent encore à la terre leur fumier, qui est une des principales matières premières de l'agriculture. Or, les troupeaux exigent de grandes prairies naturelles et artificielles, c'est-à-dire la grande culture.

« Envisagez ainsi séparément chacun des grands besoins

de l'agriculture moderne, et vous verrez de plus en plus que la satisfaction de ces besoins est impossible avec la petite culture, et que celle-ci conduit directement, malgré tout le courage et l'énergie du paysan, à la stérilisation du sol. Que ceux qui douteraient de ces faits lisent les belles études comparatives de M. Léonce de Lavergne sur l'économie rurale de l'Angleterre, où dominent la grande propriété et la grande culture, et sur l'économie rurale de la France, où dominent la petite propriété et la petite culture.

« Ensuite, la grande culture seule peut donner lieu à de précieuses économies de terrain, de temps et de travail, tandis que la petite culture occasionne une grande déperdition de ressources. Par exemple, le petit cultivateur, propriétaire de plusieurs petits lopins de terre, disséminés à travers les champs des voisins, est obligé de perdre une grande partie de son temps à se transporter d'un lopin à l'autre par des chemins excessivement multipliés. Ainsi, dans les pays de petite propriété et de petite culture, les passages et servitudes emportent, avec les haies, murailles, clôtures, derrière lesquelles se cantonne le propriétaire méfiant et farouche, une grande partie du sol.

« Ce n'est pas tout. Un des faits dominants de la phase économique que nous traversons, c'est l'application de plus en plus étendue de deux grandes forces économiques à la production, dans tous les travaux où ces forces économiques peuvent augmenter la somme des produits : nous voulons parler de la *force collective* et de la *machine*. Devant cette tendance irrésistible, nous avons déjà vu, dans l'industrie proprement dite, une foule de petits patrons et d'hommes établis disparaître devant la concurrence de grands entrepreneurs ou d'associations de capitalistes, qui seuls peuvent employer les grands engins mécaniques et profiter du surcroît de production que fournit le manœuvrement avec ensemble et avec unité d'une légion de travailleurs salariés, combinant leurs efforts. Or, s'il est une industrie où la force collective est d'une application nécessaire, c'est à coup sûr l'agriculture ; certains travaux agricoles, tels que le défrichement, les vendanges, la moisson, la fenaison, sont même les types par excellence de l'application de cette force. Et s'il est aussi une industrie où l'introduction de la machine soit nécessaire et doive se faire invinciblement, c'est encore l'agriculture. Mais l'application sur une vaste échelle de ces deux grandes forces économiques aux travaux agricoles n'est guère possible avec la petite culture parcellaire, tandis qu'avec la grande culture rien n'est plus facile.

« C'est ce qui fait que l'agriculture anglaise est la seule qui, jusqu'à maintenant, se soit servie généralement des nouveaux engins mécaniques. « La terre ne demande pas « seulement des engrais et des amendements », dit M. de Lavergne, « elle a encore besoin d'être creusée, ameublie, ni- « velée, sarclée, assainie, travaillée dans tous les sens, pour « que l'eau la traverse sans y séjourner, pour que les gaz « atmosphériques la pénètrent, pour que les racines des « plantes utiles s'y enfoncent et s'y ramifient aisément. Une « foule de machines ont été imaginées pour lui donner ces « dernières façons. On a pu se convraincre de l'immense « importance de l'industrie des machines aratoires en An- « gleterre et des débouchés qu'elle y rencontre, par l'éten- « due qu'elle occupait à l'Exposition universelle ; on comp- « tait près de trois cents exposants de cette catégorie, venus « de tous les points du Royaume-Uni, et, parmi eux, il en « est, comme les Garrett et les Ranson, dans le comté de « Suffolk, qui emploient des milliers d'ouvriers et font tous « les ans pour des millions d'affaires (1). »

La statistique est non moins concluante :

« En Angleterre, — où le servage avait déjà cessé de fait

(1) *Troisième Congrès de l'Association internationale des travailleurs, Compte-rendu officiel;* Bruxelles, 1868, page 36.

vers la fin du quatorzième siècle, et où dès le quinzième siècle la plus grande partie de la population se composait de paysans libres et propriétaires ; où même, d'après Macaulay, à la fin du dix-septième siècle, la population agricole formait les quatre cinquièmes de la population totale, — l'œuvre du capital accapareur de la terre, accompagnée des aliénations arbitraires, a marché à si grands pas, que des villages entiers d'agriculteurs ont disparu sans laisser de traces, et que le sol de l'Angleterre appartient aujourd'hui presque tout entier à quelques centaines de familles. En 1770, il y avait encore en Augleterre, en Ecosse et en Irlande 250.000 propriétaires fonciers ; aujourd'hui il y en a 30.000, et sur ce nombre il en revient 9.000 à l'Irlande. En Ecosse, le quart du territoire du pays est la propriété de *cinq* particuliers ; parmi ces propriétaires, Lord Sutherland figure en première ligne avec 1.326.453 acres.

« A l'époque où l'industrie de la laine se montrait plus productive que la culture du blé, 15.000 paysans du comté de Sutherland, qui cultivaient 794.000 acres de terre, en furent chassés de la manière la plus barbare pendant les années 1814 à 1820, pour faire place à un troupeau de 130.000 moutons. Ces pauvres gens, refoulés au bord de la mer, se livrèrent à la pêche pour gagner leur vie ; au bout de quelque temps, la pêche leur ayant donné quelque profit, les propriétaires vinrent de nouveau les chasser plus loin, leur enlever leur pêcherie et s'installer à leur place.

« Les registres d'impôt présentés à la Chambre des Communes le 20 juillet 1864 établissent que trois mille particuliers se partagent à eux seuls un revenu annuel de 625 millions de francs, ce qui fait une somme plus considérable que le revenu de toute la population agricole de l'Angleterre et du pays de Galles.

« De 1851 à 1861, la concentration de la propriété foncière dans un petit nombre de mains a augmenté en Angleterre de 11 %. Dans un meeting qui a eu lieu à Londres le 13 octobre 1869, et où a été fondée une Ligue des travailleurs de l'agriculture, un orateur a signalé le fait suivant : l'aristocratie terrienne en Angleterre compte cinq mille individus, et ces individus reçoivent chaque année de leurs fermiers une somme totale de *deux milliards et sept cent cinquante millions de francs*, ce qui fait pour chacun d'eux un revenu moyen de 550.000 francs (1). »

« Si la concentration de la propriété foncière dans la main d'un petit nombre, dit à ce sujet un manifeste des travailleurs anglais, suit toujours le même progrès, la question de la propriété territoriale sera singulièrement simplifiée, comme elle l'était dans l'empire romain, quand Néron laissa errer sur ses lèvres un féroce sourire à la nouvelle que la moitié de la province d'Afrique appartenait à six chevaliers. Arrivée à ce degré extrême de concentration, la question de la propriété terrienne ne peut guère souffrir de difficultés en Angleterre ; et elle doit irrévocablement s'y résoudre dans le sens de la propriété collective du sol, parce que le peuple anglais, habitué à la grande culture avec tous ses avantages au point de vue agricole, les assolements, les machines, les amendements, les prairies, les engrais animaux, ne peut pas revenir au morcellement agricole avec ses conséquences : la jachère, la culture à la bêche, le manque d'engrais, la suppression des bestiaux et, par suite, de la viande.

« En Belgique, la propriété territoriale tend aussi à se concentrer, bien que dans une progression infiniment moindre qu'en Angleterre, où l'existence du droit d'aînesse favorise énormément cette concentration. Parcourez-y les

(1) *Manifeste aux travailleurs des campagnes*, publié par le Comité de propagande des Sections allemandes de l'Association internationale des travailleurs (rédigé par Joh.-Ph. Becker, traduit de l'allemand par James Guillaume) ; dans le *Progrès* du Locle, du 25 décembre 1869, et dans l'*Egalité* de Genève, nos 10 et 13 de 1870.

communes rurales, et presque toujours vous y trouverez un grand propriétaire foncier à qui appartiennent presque toutes les terres du village ; le plus souvent ce grand propriétaire terrien commande en maître au village, car il est presque toujours, non seulement le principal propriétaire des terres arables, mais propriétaire des maisons, bourgmestre et chef d'industrie ; c'est un véritable seigneur féodal. Lorsque par hasard un lopin resté libre se trouve en vente, c'est le seigneur qui en fait l'acquisition à vil prix, car nul n'oserait lui faire concurrence pour cet achat (1). »

Voilà ce que nous enseigne la statistique sur les pays de grande production et de propriété concentrée. Examinons maintenant la situation des pays de petite propriété :

« Nous lisons dans un article du *Courrier Français*, du 28 février 1868, que le nombre des parcelles de terre en France était alors de plus de 140 millions. Les cotes foncières, réunissant les parcelles que chaque contribuable possède dans une même commune, étaient, en 1858, de 13.118.723, et elles se sont élevées, en 1866, à 14.123.117.

« Et en même temps que le morcellement continue et que le sol s'émiette, l'hypothèque vient grever de plus en plus le lopin du paysan, de sorte que le paysan n'est souvent que le propriétaire purement nominal du coin de terre qu'il cultive péniblement à la bêche, et dont ses efforts ne parviennent qu'à grand'peine à arracher de quoi payer l'intérêt du capital emprunté pour l'achat de la terre. Aujourd'hui encore, comme du temps où Michelet écrivait le *Peuple*, on peut dire que lorsque son champ lui rapporte 2, l'usure demande 8, c'est-à-dire que l'usure combat contre lui comme quatre hommes contre un, et que chaque année d'intérêt enlève quatre années de travail. Quant à l'hypo-

(1) *Troisième Congrès de l'Association internationale des travailleurs. Compte-rendu officiel*, page 37.

thèque, on sait que près de 12 milliards sont hypothéqués sur le sol français, qui en vaut 48.

« En considérant cet appauvrissement de la terre, cet envahissement de l'hypothèque, cette insatiabilité de l'usure, on peut dire que le sol échappe au paysan, que la terre lui glisse des mains, et que la propriété fuit devant lui comme une ombre. Et voici qu'en même temps un phénomène nouveau se manifeste : c'est l'association des capitaux appliquée à l'achat du sol, l'anonymat agricole ; c'est la constitution d'une nouvelle féodalité terrienne analogue à la féodalité industrielle. Naguère M. Hubert Delisle faisait, en pleine séance du Sénat français, cette déclaration enthousiaste, dont il ignorait probablement la véritable portée : « Le moment vient où le capital français ne se dé-« pensera plus que pour la France ; l'argent revient au sol. « Ainsi dans la Gironde on a acheté tout récemment pour « douze millions de propriétés, et presque tous les acqué-« reurs sont de *grands noms financiers*. Il y a autant de « millions que de propriétaires. »

« Et les faits de ce genre se multiplient. Encore quelques années, et les chefs féodaux de la finance seront redevenus les chefs féodaux du territoire français. Contre la concurrence que va lui faire l'industrie agricole en grand, le petit cultivateur propriétaire ne peut lutter ; il faut qu'il disparaisse, comme a déjà disparu de l'industrie extractive le petit propriétaire de gisements houillers et de carrières, et comme disparaît chaque jour de l'industrie manufacturière le petit patron ou le travailleur indépendant. Pourtant il lui reste peut-être, à lui aussi, comme aux travailleurs urbains, une dernière planche de salut : c'est l'association. Déjà nous voyons quelques premières lueurs d'association apparaître au sein des populations rurales de la France : ce sont quelques sociétés pour l'achat en commun d'engrais ou d'un outillage perfectionné. Si une nouvelle organisation du crédit pouvait favoriser ce mouvement (1), tout nous porte à croire que, malgré l'esprit routinier du paysan, l'association s'étendrait bientôt à des objets de plus en plus importants : c'est que nécessité fait loi ! Mais l'association agricole, si elle veut réaliser tous les avantages de la grande propriété et lutter contre elle, doit absolument appliquer à la culture nos connaissances sur les assolements, les irrigations, l'élevage du bétail, les prairies artificielles, les abris, les constructions rurales, etc. Or, pour cela, il faut que les parcelles de terre soient réunies en un domaine plus ou moins vaste, c'est-à-dire que la petite propriété morcelée fasse place à la propriété collective.

« Alors disparaît, il est vrai, ce désir de possession exclusive et de libre et absolue disposition que l'on dit être si profondément inné au cœur du paysan français, et que Michelet a cherché à poétiser en l'appelant « le mariage « mystique de l'homme et de la terre » ; mais, devant la loi impérieuse de la nécessité, le paysan français finira par oublier cette utopie ; il se trouvera heureux, somme toute, d'avoir troqué son vain titre de propriétaire exclusif et son droit de jouissance égoïste et solitaire contre l'avantage d'être le co-propriétaire d'un sol dont les produits auront vingtuplé avec un travail vingt fois moins pénible.

« Il nous est donc permis de poser ce dilemme :

« Ou bien le paysan français triomphera de la nouvelle féodalité terrienne qui se constitue, et alors il faut qu'il accepte l'association agricole et par suite la propriété collective ;

« Ou bien il ne triomphera pas de cette féodalité, il re-

(1) L'auteur de ce rapport, César De Paepe, était encore, en 1868, à demi proudhonien, et croyait à l'organisation du crédit gratuit, que se garantiraient mutuellement les producteurs industriels et agricoles. Le Congrès de Bruxelles s'était occupé du projet d'une Banque d'échange présenté par la Section bruxelloise.

tombera dans le salariat agricole, et alors la concentration de la propriété foncière en quelques mains peu nombreuses amènera tôt ou tard, en France comme en Angleterre, comme en Allemagne, une révolution sociale d'où sortiront l'association agricole et la propriété collective (1). »

Je terminerai cet exposé par quelques faits se rattachant à la situation en Suisse :

« Dans la partie allemande du canton de Berne, qui compte environ 350.000 habitants, et dont la population, il n'y a que vingt ans, avait une si grande réputation d'aisance et de prospérité, les documents officiels établissent qu'il y a eu en *quatre ans* **8390** ventes aux enchères, savoir : en 1864, 1230 ; en 1865, 1830 ; en 1866, 2139 ; et en 1867, 3141 ; on voit avec quelle effrayante rapidité le chiffre s'en accroît chaque année. En 1857, il y avait eu 735 faillites, et en 1867 on en a compté **1341**, c'est-à-dire presque le double ! Dans les onze années de 1857 à 1867, le nombre total des faillites a été de 7789 ; l'année 1868 a ajouté à cette somme un nouveau contingent de 3991 faillites ; et pendant l'an de grâce 1869, jusqu'au 13 novembre, les faillites ont déjà atteint le chiffre de 4935 ! Cela montre que dans ce petit endroit béni, la classe moyenne se voit chaque année expropriée et dépouillée par le capital d'après une progression qui croît, non pas en raison arithmétique, mais en raison géométrique. Ainsi ce canton, dernièrement encore réputé si riche et si prospère, comptait en 1868 le nombre effrayant de **36.000** faillis, de 36.000 citoyens, appartenant à la classe rurale, déshonorés par la loi et frappés de mort civile, la plupart pères de famille. Qui pourrait compter en outre le nombre de ceux qui, pendant ce même laps de temps, ayant réussi à

(1) *Troisième Congrès de l'Association internationale des travailleurs. Compte-rendu officiel*, pages 37-38.

éviter le scandale de la faillite et des enchères publiques, ont abandonné sans tambour ni trompette l'ancien héritage de la famille pour aller vivre comme mercenaires dans des logements étrangers ? Et tout cela se passait pendant que les gros bonnets du pays créaient banque sur banque, soi-disant pour venir en aide aux agriculteurs et aux petits industriels, en réalité pour s'enrichir de leurs dépouilles (1). »

La Suisse, qui possède, dans plusieurs cantons, sur 100 familles, 88 propriétaires, avait en 1873 une dette hypothécaire de 2.300 millions de francs, dont les intérêts se montaient à 106 millions.

*
* *

Dans l'industrie proprement dite, nous constatons trois phases essentielles du développement de la production, qui correspondent à trois formes d'appropriation du capital qui sert d'agent de production : la petite, la moyenne, la grande industrie. Dans la première, presque toujours le producteur travaille chez lui, utilisant un matériel de peu de valeur et lui appartenant ; il emploie quelquefois deux ou trois ouvriers, mais les bénéfices qu'il réalise ainsi sont peu de chose en comparaison des exigences de la lutte qu'il doit soutenir pour se maintenir. Tant que l'industrie est dans cette première période, l'antagonisme des classes n'apparaît pas encore, car le petit patron est lui-même un travailleur comme les ouvriers qu'il peut utiliser ;

(1) *Manifeste aux travailleurs des campagnes* (déjà cité) ; dans le *Progrès* du Locle, du 25 décembre 1869, et l'*Egalité* de Genève, n° 9 de 1870.

il vit de leur vie, il partage leurs souffrances, et son existence est réellement celle d'un prolétaire. Nous ne savons si un certain nombre de métiers, qui sont encore dans cette première phase de développement, sont condamnés à rester stationnaires ou à disparaître, ou bien si le développement économique les entraînera dans la moyenne et grande industrie.

La moyenne industrie présente déjà d'autres caractères plus tranchés. C'est encore l'atelier, le petit chantier, la petite manufacture, mais on voit déjà d'un côté le patron propriétaire exclusif des instruments de travail, et de l'autre un nombre plus ou moins grand d'ouvriers salariés. Les forces économiques, qui sont le levier par lequel se constitue le grand capital, la division du travail, la machine, la puissance collective, fonctionnent dans des proportions plus ou moins grandes, et, suivant les capitaux disponibles, l'intelligence, l'activité, le discernement et l'habileté dans les spéculations du patron, de l'entrepreneur, du directeur, l'entreprise se fraiera la route qui conduit à la grande industrie, ou périclitera.

La grande industrie présente tous les caractères d'une féodalité. Dans une usine, dans une manufacture travaillent infatigablement des centaines, des milliers d'ouvriers, faisant mouvoir un gigantesque outillage, confectionnant d'innombrables produits. Cette usine, cette manufacture, avec l'outillage que chacune d'elles contient, sont la propriété exclusive d'un seul individu ou de quelques actionnaires. Cette armée de prolétaires, qui par son travail arrache au sous-sol la matière première, qui transforme cette matière en puissantes machines, puis qui fait mouvoir ces machines et inonde le monde de richesses, elle doit croupir dans le dénuement et la misère, en vendant son travail à ceux qui ont accaparé le capital produit par l'effort des masses populaires façonnant la matière. Et tous les petits métiers, toutes les industries qui sont susceptibles d'être transformés par l'application des découvertes scientifiques, par l'introduction des machines et la division du travail, sont irrévocablement condamnés; le grand capital s'en emparera et en fera la proie des grands spéculateurs. Si nous parcourons les pays civilisés, dans les cités, dans les vallons, partout nos yeux sont frappés du spectacle d'une infatigable activité; le retentissement des usines, le bruit des machines mues par la vapeur, le bourdonnement qui s'échappe des fabriques, les richesses variées étalées dans les magasins, tout annonce le bien-être. Le soir un peuple immense se traîne fatigué dans les rues, s'engouffre dans de sombres quartiers, va prendre à la hâte un modeste repas et se reposer, pour recommencer le lendemain, tandis que quelques somptueux équipages entraînent rapidement à de splendides jouissances les familles bourgeoises propriétaires de tout, même de la vie du travailleur.

C'est cet état de choses que l'on décore du nom de « propriété légitimée par le travail » !

Dans l'agriculture comme dans l'industrie, nous constatons que le travail individuel cède la place au travail collectif; que ce sont les forces économiques, la machine, la division du travail, qui deviennent les principaux agents de la production. La statistique nous apprend que la grande propriété est déjà un fait dominant dans certains pays, que d'autres pays sont en voie d'arriver rapidement à la même situation, et que la production, dans les pays de petite propriété, est inférieure, et par conséquent la ruine inévitable. Ces faits importants, qui sont la clef de l'avenir de notre civilisation, laissent le parti radical parfaitement indifférent, et les socialistes qui sonnent la cloche d'alarme, qui indiquent le remède, sont considérés comme des cerveaux brûlés.

Un parti qui a la prétention d'être le représentant le

plus sérieux du progrès, et qui obstinément se refuse à examiner le problème le plus grave des temps modernes, lorsque la science l'appelle à cet examen, ce parti, s'intitulât-il *parti radical*, et eût-il pour lui l'approbation momentanée de la masse des citoyens, n'est pas le représentant des vrais intérêts populaires.

*
* *

Après avoir examiné la question de la propriété, nous aborderons les problèmes de la production, de la consommation, de l'échange et de la circulation.

Les économistes bourgeois, qui se sont occupés de rechercher les lois qui président à la production et à la distribution des richesses, ont cru tout expliquer en invoquant la loi de l'offre et de la demande, en lançant leur fameux : « Laissez faire, laissez passer ». La liberté est un des dogmes vénérés de la Révolution bourgeoise. Mais en proclamant la liberté, la bourgeoisie a oublié une chose essentielle, c'est de donner à tous les moyens de la pratiquer : c'est là le fond du débat qui partage le monde bourgeois et le monde socialiste. Les radicaux, tout comme les économistes bourgeois, nous diront : « Chacun n'est-il pas libre de parvenir à la plus brillante position ? Avec du travail, chacun peut devenir patron, propriétaire de manufactures, commander aux autres après avoir obéi ; c'est le seul moyen d'établir, dans les limites du possible, l'équilibre social. »

Quelqu'un a dit que la parole a été donnée à l'homme pour déguiser sa pensée ; le meilleur moyen de savoir jusqu'à quel point la parole exprime la vérité, c'est d'examiner les faits.

De par la Révolution de 1789 et les conséquences qu'elle a eues en Europe, je suis un homme libre, mais je suis en même temps un ouvrier rubanier. Je vais offrir mon travail à la porte d'une fabrique de rubans. Deux bras de plus ou de moins importent peu au manufacturier ; pour moi, au contraire, la question est vitale, car, si je n'ai pas de travail, ma famille devra subir des privations, la misère. On accepte mes bras à la condition d'une réduction de salaire ; or, j'ai vainement frappé, auparavant, à la porte de plusieurs établissements : la crainte du lendemain, la nécessité du moment me font vendre mon travail à meilleur marché. Voilà pour l'ouvrier toute la pratique de la liberté. D'un côté, un riche manufacturier, propriétaire de tous les instruments de travail dont ont besoin une quantité considérable d'ouvriers pour faire fructifier leur labeur, et, en fait, arbitre des destinées de ses ouvriers ; de l'autre côté, la masse des travailleurs, représentant l'élément essentiel de la production, le travail, mais dénués de tout capital, n'ayant aucune part dans la possession de l'instrument de travail, et contraints de vendre leur travail au prix qu'on veut bien leur donner. En présence de cette situation, on se demande comment l'économie bourgeoise et tous ceux qui vivent de l'application de ses théories peuvent invoquer la fameuse liberté d'arriver aux conditions sociales les plus élevées ? Tant que l'une des branches de l'industrie est dans la première phase de son développement, on conçoit que l'ouvrier, par un travail assidu et par des privations, puisse devenir petit patron ; on peut admettre encore qu'un petit patron puisse développer son entreprise jusqu'aux conditions de la moyenne industrie et, une fois là, si les spéculations lui sont favorables, transformer son atelier en manufacture. Les exemples de ce genre sont assez nombreux dans l'histoire de la bourgeoisie, et on conclut généralement que l'ouvrier qui le voudrait sérieusement pourrait s'affranchir et parvenir.

Nous devons reconnaître que, tant qu'il s'agit des petits métiers, la chose est possible. Mais sitôt qu'il s'agit de la moyenne industrie, cela devient difficile, et il faut que des circonstances extraordinaires favorisent l'ouvrier qui veut se faire une position. En présence de la grande industrie, la chose devient impossible. Or, pour toutes les industries constituées sur l'échelle de la moyenne et de la grande production, il ne peut plus être question de passer par la filière des petits métiers ; il faut tout de suite se placer sur le pied des grands chefs d'ateliers et des manufacturiers. Comment l'ouvrier, qui n'a d'autres ressources que son travail personnel, parviendrait-il à réaliser pareille entreprise ? Admettons encore que cela soit possible pour quelques-uns. Mais pour un qui sera parvenu, quelle masse innombrable reste en route et sert de marchepied à l'activité et à l'ambition de celui qui parvient ? Et dans le système économique actuel, il n'en peut pas être autrement. Dans les petits métiers, si tous étaient patrons, la concurrence extrême qui en résulterait rendrait la position de cette foule de petits patrons plus misérable encore que celle des ouvriers ; dans la moyenne et grande industrie, si tous étaient patrons, la moyenne et grande industrie n'existeraient plus. Telles sont les splendides contradictions où aboutissent les théories bourgeoises sur la pratique de la liberté.

Mais enfin, nous dit-on, s'il n'y avait pas dans les entreprises industrielles cette direction unique d'un patron, toute la production serait paralysée, et notre civilisation n'aurait pas à son avoir les richesses que nous admirons. Nous ne faisons aucune difficulté de reconnaître qu'une intelligente direction dans les entreprises est un facteur important, et nous examinerons dans un instant s'il n'est pas possible de constituer plus avantageusement l'administration des entreprises industrielles, agricoles, commerciales, qu'elle ne l'est aujourd'hui. Mais il faut que le monde bourgeois soit arrivé à un degré d'impudeur bien développé, pour prôner avec tant de suffisance son ordre économique, quand de toutes parts les débâcles succèdent aux débâcles, lorsque les crises sont en permanence, que la misère grandit et se généralise dans le peuple, tandis que la richesse publique passe adroitement dans les mains d'habiles spéculateurs. Comment les grandes faillites ne seraient-elles pas à l'ordre du jour, quand la grande exploitation, les spéculations fabuleuses sont une nécessité économique pour les entrepreneurs et les directeurs ? Il faut parvenir au haut de l'échelle ou tomber à moitié chemin. Nous disons que c'est une nécessité économique, et nous allons le prouver : existe-t-il, en ce moment-ci, un moyen de proportionner la production aux nécessités de la consommation ? La loi de l'offre et de la demande, nous dira-t-on. Dans les conditions actuelles, lorsque le produit est fabriqué, s'il n'est pas demandé, il ne s'écoulera pas ou se vendra à perte ; en cela la loi de l'offre et de la demande exprime la réalité, mais elle ne prévoit rien ; elle ne dit pas par quels moyens on peut prévoir, elle nie même qu'il soit possible de prévoir. Cependant, par l'établissement général et régulier de la statistique du travail, il serait possible d'établir d'une manière positive les bases de la production sur les nécessités de la consommation. Mais les spéculateurs ont précisément intérêt à opérer sur l'imprévu, à exagérer la production, pour surcharger les marchés et déprécier les produits, et faire ainsi ce qu'on appelle une magnifique affaire. Si l'entreprise coule quelques concurrents, elle devient splendide ; qu'une foule de fabricants soient entraînés dans la faillite, qu'une industrie tout entière soit en souffrance pendant des années, il n'importe, l'orgie des grandes spéculations va son train, cherchant et trouvant de nouvelles victimes. C'est le peuple travailleur qui, en définitive, supporte les conséquences de cette application de la liberté telle qu'elle est comprise par la bourgeoisie. Et il en sera ainsi tant que le peuple laissera passer entre les mains des accapareurs la richesse qu'il produit, tant qu'il laissera la direction de la production aux mains des classes *dirigeantes.*

La distribution des richesses, par l'intermédiaire du commerce, présente les mêmes caractères d'accaparement, de spéculation que nous offre la production. Une hiérarchie innombrable d'intermédiaires, qui s'interposent entre le producteur et le consommateur, renchérissent les produits et se livrent à des spéculations lucratives, tout comme le font les chefs de l'industrie. C'est une féodalité mercantile qui se partage, avec les féodalités industrielle et financière, le gâteau préparé par le travail du peuple.

Pour compléter ce système économique, les principaux moyens de circulation sont la propriété de grandes compagnies capitalistes, et le public paie cher les services que lui rend ainsi le capital. Le capital, par contre, ne paie rien ou presque rien pour la concession de toute la richesse naturelle qui lui a été faite pour l'établissement de son exploitation.

Enfin, une organisation puissante du crédit aide au fonctionnement de tous les rouages de cette machine économique, au moyen de laquelle la bourgeoisie attire à elle la plus grande partie de la richesse créée par le travail des masses populaires.

Les radicaux, qui sont en adoration devant le citoyen, ont compris pourtant qu'il y avait contradiction à traiter l'ouvrier comme citoyen, en tant que membre du corps politique, et à l'exploiter en tant que machine économique. On a trouvé un système de juste milieu qui sauve les apparences. Les sociétés coopératives de production, de consommation, de crédit, l'exploitation par l'Etat des voies de circulation, seraient, au dire des radicaux, la panacée universelle. Nous ferons remarquer à Messieurs les radicaux que, lors de la naissance des sociétés coopératives, qui furent l'une des étapes du mouvement socialiste, ils en furent tout d'abord les ennemis, et n'en devinrent les amis que lorsqu'ils s'aperçurent qu'elles ne pouvaient pas constituer un danger pour l'ordre actuel.

On peut concevoir les coopérations de production dans la petite et moyenne industrie, et encore entourées de difficultés telles que l'insuccès est certain. Les expériences faites sont concluantes. Le milieu actuel, dont l'atmosphère est imprégnée de notions bourgeoises qui pénètrent l'existence de chacun, n'est pas propre à développer les principes de solidarité nécessaires à la bonne marche d'une coopération, et les difficultés économiques sont considérables en présence des moyens de lutte à la disposition des entrepreneurs bourgeois. Quant à la coopération dans la grande industrie, les uns en ont fait leur deuil, parce qu'ils l'ont reconnue impraticable ; les autres ont imaginé le crédit de l'Etat pour l'installer. Ce dernier moyen est sérieux ; nous ferons seulement remarquer qu'il conduit inévitablement au communisme d'Etat ; les radicaux ont trop horreur du communisme au profit de la masse, et sont trop amoureux du communisme au profit d'une minorité, pour vouloir sérieusement user de ce moyen.

Ceux qui ont fait leur deuil de la coopération dans la grande industrie échapperont difficilement à ce dilemme : ou bien la coopération est pour eux un moyen sérieux d'opérer l'émancipation du prolétariat, et alors ils doivent en vouloir l'application pour la grande masse des prolétaires, pour ceux qui travaillent dans la grande industrie ; ou bien ils ne veulent pas l'émancipation de cette grande masse, et alors la coopération est pour eux une blague.

Les sociétés coopératives de consommation, les sociétés de crédit, ont eu plus de succès, mais c'est grâce à l'introduction dans leur organisation de l'un des principes chers à la bourgeoisie, — le prélèvement de bénéfices en faveur du capital. Nous ne connaissons, dans notre contrée, qu'un exemple de coopération de consommation fondée sur le principe nouveau de l'élimination des bénéfices en faveur du capital, c'est le magasin institué à Saint-Imier par la fédération ouvrière du district de Courtelary. Je suis heureux de constater la bonne marche de cette entreprise, et je me permets d'émettre le vœu de voir les ouvriers du district acquérir suffisamment d'énergie et d'initiative pour donner à cette institution toute l'extension possible.

La remise entre les mains de l'Etat des voies de circulation ne changera en rien les conditions économiques du peuple. Pour l'Etat, l'exploitation des chemins de fer et autres voies de communication sera un moyen de prélèvement d'impôt, et le travail en supportera les frais comme auparavant.

Les réformes économiques projetées par les radicaux ne sont donc pas un moyen d'émanciper le travail, et cette tactique nouvelle des radicaux doit démontrer aux ouvriers qu'ils doivent apprendre à distinguer la réalité des apparences.

Il nous reste, pour terminer ce chapitre traitant des questions économiques, à exposer le programme du parti socialiste.

Nous voulons la propriété collective, comme résultat de l'évolution économique qui a transformé toutes les conditions sociales dans les temps modernes.

Comme moyen pratique de transformation de la propriété individuelle en propriété collective, nous pensons que le moyen le plus direct, le plus simple, est l'expropriation des détenteurs actuels, par les masses insurgées,

Comme moyen de constitution organique de la propriété collective, nous proposons que chaque corps de métier prenne possession du capital-instrument qu'il a à utiliser ; que les capitaux industriels soient la propriété de la Commune, ou, si leur importance l'exigeait, de la Fédération des Communes, et que ces capitaux soient concédés, moyennant certaines garanties, aux groupes producteurs ; que le sous-sol, le sol, les forêts, rivières, voies de communications soient la propriété des Fédérations de Communes, et soient également concédés, sous les garanties suffisantes, aux associations de producteurs respectives ; que la Fédération internationale organise l'exploitation des grandes voies de circulation ayant un caractère d'internationalité.

Comme organisation de la production et de l'échange, nous proposons la constitution, dans chaque localité, de groupes producteurs constitués librement, suivant les branches de production existant dans la localité ; la fédération locale de ces groupes producteurs constituant la Commune, déterminant les rapports entre les groupes, les obligations générales à l'égard de la Commune, et installant un comptoir d'échange pour l'achat et la vente des subsistances. Les différents groupes locaux d'un métier constitueraient des fédérations régionales d'un même métier, comme les Communes constitueraient la Fédération des Communes ; cette organisation embrasserait ainsi la totalité des intérêts existants.

Comme moyen de préparation à cette transformation, nous proposons la création des corps de métier et leur fédération, tant locale que régionale ; l'organisation de l'assurance mutuelle pour les accidents qui peuvent frapper l'ouvrier, et surtout de la résistance, pour la défense des intérêts ouvriers ; l'initiative d'entreprises industrielles et commerciales qui seraient la propriété des organisations ouvrières et constitueraient une école de pratique administrative ; l'organisation de l'étude de toutes les branches utiles des connaissances humaines, et surtout des questions sociales ; une propagande active, par la presse et la parole, des principes socialistes.

Cette organisation préparatoire contient tous les éléments constitutifs de la nouvelle organisation sociale, et n'aurait, si elle était généralisée, qu'à s'imposer pour opérer la révolution sociale.

Nous venons de voir que, sur la question du pain, le parti radical représente absolument les intérêts bourgeois, ne veut pas de l'émancipation du travail. Pour l'ouvrier, c'est la pierre de touche au moyen de laquelle il peut reconnaître amis et ennemis. Le socialisme reprend l'œuvre de la Révolution de 1789, et à la conquête de la liberté vient ajouter la conquête des moyens à donner à tous pour la pratiquer. Pour que le travailleur soit libre, il faut qu'il possède l'instrument de travail. La situation économique actuelle ne permet cette appropriation que collectivement. Travailleur, prépare-toi à la Révolution sociale, et, si tes ennemis et leurs ignorants complices t'accusent de vouloir le vol et le partage, expose leur simplement la situation actuelle : Tu es pauvre, et les grands voleurs sont considérés.

*
* *

La question politique, tout aussi bien que les questions économiques, est envisagée d'une manière complètement opposée par les radicaux et par les socialistes.

Les radicaux prétendent que sans une organisation puissante des Etats, l'ordre public serait constamment menacé, et qu'aucune sécurité n'existerait ni pour les individus ni pour la société humaine.

Si nous examinons d'une manière approfondie le rôle de l'Etat, si nous étudions les institutions au moyen desquelles il manifeste son action, nous constatons que, dans la réalité des choses, il n'est pas le gardien de l'ordre public, la sauvegarde de la sécurité de chacun et de tous, mais la synthèse organique de tous les privilèges économiques de la bourgeoisie et le vigilant gardien des intérêts de cette classe. Les expressions d'*ordre public*, de *sécurité*, ne signifient pas autre chose que « consécration publique des intérêts des classes dominantes » ; l'ordre public est troublé lorsqu'une atteinte quelconque est portée aux intérêts dominants ; la sécurité publique n'existe plus lorsque le privilège est menacé.

Nous analyserons le principe fondamental de l'Etat, sa constitution organique, et enfin les institutions qui lui sont inhérentes.

Il pourrait être très intéressant de rechercher, au point de vue de la civilisation des sociétés humaines, comment se constituèrent primitivement les Etats, et l'action qu'ils exercèrent durant l'histoire. Mais notre travail est surtout une critique de l'action actuelle, et nous prendrons les choses telles qu'elles nous apparaissent dans toute leur réalité vivante.

Puisqu'il s'agit d'établir un parallèle entre les tendances du radicalisme et celles du socialisme, nous ne pouvons nous arrêter à l'examen de l'Etat absolutiste ; nous étudierons l'Etat démocratique, à l'édification duquel travaillent, dans les différents pays, toutes les nuances du parti radical.

Le principe fondamental de cet Etat démocratique, c'est la souveraineté du peuple. Le peuple est souverain ! Il ne s'agit pas seulement d'affirmer ce principe démocratique, il faut que cela soit une réalité. Or, précisément par l'organisation de l'Etat, au moyen duquel aurait dû être assurée la pratique de cette souveraineté populaire, elle a été enterrée. La souveraineté du peuple peut-elle se manifester directement, ou bien sa manifestation n'est-elle possible que par des intermédiaires? Le radicalisme ne va pas au delà de cette dernière conception, tandis que le socialisme affirme nettement la possibilité de l'exercice direct de la souveraineté.

Dans l'examen de cette question, nous nous heurtons tout d'abord au fait des Etats territoriaux, au parquement arbitraire des peuples dans des frontières arrêtées par la volonté des tyrans qui ont dominé le monde durant l'histoire. Tous les citoyens originaires de tel territoire constituent l'ensemble du peuple, et c'est la souveraineté de ce peuple qu'il s'agit de faire valoir. Nous ferons remarquer que tous les Etats modernes, territorialement parlant, sont loin d'être constitués scientifiquement au point de vue du groupement national, soit géographique, soit humain, si l'on examine la chose au point de vue soit des langues et des intérêts existants, soit de la configuration du territoire. Le peuple habitant tel territoire est considéré comme corps social de l'Etat, et c'est sa volonté qui est censée dominer dans l'organisation et l'administration de l'Etat. De là l'expression populaire : « L'Etat, c'est nous! » C'est précisément par cette conception, qui nous montre l'ensemble du peuple devant manifester collectivement sa souveraineté par l'Etat, que les radicaux ont préparé la fosse où ils ont enterré la souveraineté populaire.

Pour que la souveraineté du peuple soit une réalité, il faut que les divers intérêts qui constituent la vie populaire puissent se faire valoir, et cette manifestation directe des intérêts n'est possible que par la spécialisation scientifique et le libre jeu de tous les intérêts existants, et non pas par leur confusion générale dans un Etat.

Le moyen imaginé pour manifester la souveraineté du peuple dans l'Etat fut le suffrage universel. Tous les citoyens d'un pays furent ainsi appelés à voter sur les destinées de l'Etat. C'était bien là la confusion générale de tous les intérêts dans l'Etat, et la constitution du peuple en majorité et en minorité électorales. Par ce fait, la souveraineté du peuple n'est plus la souveraineté de l'ensemble des citoyens, mais seulement de ceux qui composent la majorité. La première manifestation pratique de la conception du principe de la souveraineté populaire selon le radicalisme est déjà un enterrement. C'est l'abdication du peuple au bénéfice de la majorité électorale. Les abdications vont se succéder, et l'enterrement sera complet.

Comment veut-on, en effet, que la volonté directe de ceux qui constituent la majorité électorale se fasse valoir? Cette majorité n'est constituée que parce que toutes les volontés individuelles, partielles, se sont confondues dans une volonté collective. Et remarquez que cette volonté collective de la majorité est une chose abstraite, à laquelle il faut donner un corps pour qu'elle puisse s'imposer dans l'Etat. Ce corps, c'est le parlementarisme. C'est la formation des parlements, des constituantes, des assemblées législatives. La majorité délègue ainsi sa souveraineté à des représentants qui iront, dans les parlements, défendre ses intérêts et confectionner des lois pour leur sauvegarde. Enfin l'assemblée nationale, ainsi constituée, délègue au gouvernement le pouvoir de l'exécution des lois et des décrets de l'assemblée.

Les radicaux ont compris qu'il y avait contradiction entre le principe théorique et cette abdication par degrés de tous les attributs de la souveraineté populaire : ils ont imaginé un correctif, le referendum.

A certains intervalles réguliers, ou lorsque le peuple, par voie de pétition, en fait lui-même la demande, on soumet au scrutin, pour le rejet ou l'acceptation, les lois et décrets votés par l'assemblée nationale. Mais ce vote populaire n'est pas plus une manifestation vraie de la souveraineté du peuple, que le vote pour la formation de l'assemblée législative : les mêmes phénomènes de division en majorité et en minorité écartent toute manifestation des intérêts divergents ; c'est une noyade générale dans une majorité ou une minorité.

Et cette constitution de la majorité et de la minorité, dans les conditions économiques actuelles, est loin de se faire avec toute la liberté d'action qu'affirme le parti radical. Les classes possédantes ont, d'une manière générale, entre leurs mains, tous les moyens de façonner l'opinion publiqne conformément à leurs intérêts : la presse entière, à l'exception de quelques rares organes socialistes, est au service de la bourgeoisie ; elle a ses orateurs qui, au moyen d'une habile phraséologie démocratique, exercent à la tribune un puissant ascendant sur le peuple; le clergé de tous les cultes est dévoué à l'ordre actuel ; enfin il y a les intimidations de toute espèce : pression du patron sur ses ouvriers, du propriétaire sur ses fermiers et journaliers ; des entrepreneurs, des fabricants, des commerçants sur leurs employés, des créanciers sur leurs débiteurs, des administrations sur les administrés ; dans maints endroits, et le fait a eu lieu dans le canton de Berne, on ne recule pas devant l'intimidation militaire. Aussi la plupart des agitations électorales présentent-elles un caractère absolument vil, où les ambitions personnelles et de coteries sont habilement voilées par les déclamations du plus pur patriotisme.

Nous avons vu que l'exercice de la souveraineté du peuple, dans l'état actuel, aboutissait à la nomination d'une assemblée nationale chargée d'élaborer la constitution de l'Etat et les lois qui en découlent, et à la composition d'un gouvernement chargé de veiller à l'application de la constitution et à l'exécution des lois.

Si on se place au point de vue purement humain, dégagé de toutes préoccupations d'orgueil et de vanité nationale, on est dominé par un pénible sentiment en constatant, d'un côté, combien les constitutions les plus démocratiques, et l'assemblage des lois qui les accompagnent, sont le tombeau de toutes les libertés populaires, et, de l'autre, avec quel enthousiasme la majorité du peuple accepte encore ces constitutions et ces lois comme le gage le plus sérieux de sa liberté, de son indépendance, de son bien-être.

Et cependant la vérité est facile à découvrir : il suffit de lire attentivement la constitution démocratique la plus prônée en ce moment, celle de la Confédération suisse. A côté de quelques déclarations de principes, de quelques affirmations sur les droits du peuple, la pensée dominante qui se dégage de cette œuvre, c'est la préoccupation de la centralisation, de la constitution d'un pouvoir fort, de restrictions à apporter à la pratique des principes démocratiques affirmés, c'est la copie des tendances des grands Etats monarchiques, avec l'étiquette républicaine.

Et il n'en pouvait pas être autrement, et il n'en sera pas autrement tant que le peuple suivra la routine politique. Par la situation économique, en Suisse comme partout, la bourgeoisie est dominante. Sa domination économique implique sa domination politique. En fait, qui siège dans nos Grands-Conseils, à l'Assemblée fédérale, qui compose nos autorités cantonales et fédérales ? Ce sont les hauts barons de la finance, les grands et moyens entrepreneurs et propriétaires, les avocats ; c'est la bourgeoisie. Et vous voudriez que cette classe, possédant le pouvoir, n'en fît pas usage pour sanctionner ses privilèges et donner satisfaction à ses intérêts ?

Toute l'organisation politique de l'Etat, depuis la commune, le district, le canton jusqu'au gouvernement fédéral, tout est constitué en vue de la subordination à l'Etat, c'est-à-dire, en apparence, à la majorité de la nation, mais en réalité à la minorité bourgeoise que la majorité a portée au pouvoir.

L'organisation judiciaire est censée assurer l'exercice régulier des droits de chacun dans l'ordre public ; mais l'interprétation des lois, la procédure, la constitution des organes chargés de prononcer dans les conflits, tout est fait par et pour la bourgeoisie.

L'organisation militaire n'a pas seulement pour but la défense du pays contre l'étranger, mais aussi la répression des mouvements insurrectionnels qui pourraient surgir. Les événements de Gœschenen (1) n'ont que trop prouvé qu'en Suisse, comme partout, l'armée saurait être employée pour faire taire les revendications du travail.

Et les questions économiques qui se rattachent à la vie de l'Etat, dans quel sens sont-elles tranchées, sinon dans l'intérêt des législateurs qui appartiennent à la bourgeoisie et la représentent ? S'agit-il de concessions à accorder pour la construction d'une ligne de chemin de fer qui sera la propriété d'une compagnie de capitalistes, c'est à pleines mains qu'on puise dans les coffres de l'Etat, tandis qu'on lésine misérablement chaque fois qu'il s'agit des intérêt directs des ouvriers ou des paysans.

Il serait utile qu'un spécialiste voulût bien entreprendre un travail d'analyse des constitutions, des codes, des lois, des moyens de procédure et de juridiction qui régissent les peuples. Quel amas d'absurdités, quel tissu de contradictions, quelle négation du principe même qui a donné naissance à tout ce fatras judiciaire ! Vous voulez assurer l'ordre public, et vous élaborez une telle quantité de codes, de lois, qu'il faut l'existence d'un homme pour s'y reconnaître : vous entassez dans ces codes et ces lois de telles contradictions, qu'ils deviennent précisément une cause de disputes !

(1) Il y avait eu à Gœschenen, le 28 juillet 1875, un massacre d'ouvriers.

— Pardon! nous répond-on : la religion a ses prêtres ; la jurisprudence ne peut rester en arrière. L'avocat est là qui prend fait et cause pour vous et qui se charge de faire valoir les articles des codes et des lois qui peuvent vous être favorables. Un autre avocat invoquera contre vous d'autres articles, et un tribunal, composé des citoyens aussi peu au courant des lois et des codes que les comparants, est chargé de prononcer.

Toute cette organisation judiciaire, quel est son but? C'est d'assurer l'ordre économique régnant et l'inféodation absolue de la personnalité humaine à l'Etat. Ce qui concerne la partie purement criminelle de la juridiction n'en est qu'une faible portion, en comparaison de l'importance de la partie civile et des garanties de la propriété.

Les radicaux ont commencé à se préoccuper des difficultés qui naissent de ce labyrinthe de codes et de lois, et demandent généralement la simplification des lois, des moyens de procédure. Tant que la situation économique et politique existante sera ce qu'elle est, il y aura nécessité d'une organisation judiciaire compliquée ; le seul résultat qui pourrait être atteint, c'est l'unification, parce que les faits économiques qui donnent lieu à la juridiction deviennent partout identiques.

Le militarisme est non moins une plaie inhérente à l'ordre actuel. Les Etats, par leur constitution territoriale, sont antagonistes ; de là, nécessité d'une force militaire, au moyen de laquelle les Etats peuvent se défendre des attaques de leurs voisins et entrer dans la voie des conquêtes. Cette nécessité de l'organisation militaire résulte également de la situation intérieure des Etats.

Pour que la machine gouvernementale, administrative, juridique de l'Etat fonctionne régulièrement, il faut qu'elle soit préservée de toute attaque intérieure. Depuis que la lutte entre les classes s'accentue, nous voyons que l'armée est partout employée au profit de la bourgeoisie contre le prolétariat. On fait grand bruit autour des systèmes d'organisation militaire, et le parti radical attend des merveilles de la transformation des armées permanentes en milices nationales. Pour que les milices nationales aient leur raison d'être, il faut qu'elles soient à la hauteur des armées permanentes. Le résultat ne peut être atteint que par des sacrifices économiques identiques à ceux qu'exige l'armée permanente ; quant à la sauvegarde des traditions démocratiques, par la transformation des armées permanentes en milices, nous assistons en ce moment même à une expérience instructive : depuis que la Suisse est entrée dans la voie de la *prussification* de son organisation militaire, tout observateur peut constater l'abandon de nos traditions démocratiques au profit de préoccupations toutes militaires ; cette fièvre de militarisme sera l'un des agents de la destruction de l'ordre de choses actuel. Tous les Etats ont une dette publique considérable, et la banqueroute est inévitable. La Suisse n'a pu échapper à cette situation, et elle sera fatalement entraînée sur la même pente que les autres Etats.

L'examen de la question politique nous permet de constater que la constitution des Etats, même démocratiques, ne sauvegarde ni les intérêts, ni les libertés du peuple, mais les intérêts de classe de la minorité qui domine. Les réformes que les radicaux cherchent à réaliser dans l'Etat ne peuvent pas en modifier la constitution fondamentale, ni les institutions qui en sont la conséquence pratique.

Il nous reste à formuler le programme politique du parti socialiste.

Le socialisme veut l'organisation de la souveraineté du peuple d'une manière réelle, par la reconnaissance complète de l'autonomie et de la liberté des individus, des groupes, des communes, des fédérations.

Les organes au moyen desquels le peuple manifeste sa souveraineté ne sont plus l'Etat et les institutions qui en découlent, mais le corps de métier, la Commune et la Fédération.

Le peuple ne délègue plus sa souveraineté, mais l'exerce directement dans chacun des organes nécessaires à la satisfaction de ses intérêts. Les délégations qui pourront encore être nécessaires n'auront qu'un caractère purement administratif, toute action gouvernementale et autoritaire étant supprimée.

La formule au moyen de laquelle les individus, les groupes, les Communes s'engagent réciproquement, ne sera plus la loi unique, mais le contrat librement débattu et consenti dans les groupes et n'engageant que les contractants.

Les conflits qui surgiront seront réglés dans les groupes intéressés par des tribunaux d'arbitres. Les affaires criminelles qui pourront se produire seront de la compétence de la Commune ou de la Fédération, suivant leur importance.

Comme moyen de réalisation de ce programme, nous proposons :

Le soulèvement des Communes contre la centralisation de l'Etat, pour la conquête de leur autonomie, puis la Fédération révolutionnaire des Communes pour la défense générale ;

La révolution économique suivant le programme développé au chapitre traitant de la question économique;

La prise immédiate de mesures extraordinaires pour empêcher toute manifestation contre-révolutionnaire;

L'organisation de toutes les forces révolutionnaires, non seulement pour la défense du foyer révolutionnaire, mais pour étendre le cercle d'action de la révolution, la généraliser ;

La permanence de l'action révolutionnaire, et, par ce fait, la destruction des anciennes organisations militaires;

Des mesures immédiates pour sauvegarder l'existence du peuple.

Comme moyen de préparation à cette action révolutionnaire, nous proposons :

La constitution du parti ouvrier sur les bases indiquées au programme économique du parti socialiste ; cette seule organisation est déjà un fait révolutionnaire, puisqu'elle a pour but la défense des intérêts du travail contre ceux du capital ;

Puis, la pratique générale de l'abstention électorale ; cette abstention générale aurait pour conséquence d'isoler les classes gouvernantes de la masse du peuple, qui, se constituant au point de vue économique, pourrait, lorsque l'heure de la débâcle aurait sonné, faire crouler l'édifice de l'Etat et y substituer son organisation préparatoire. De plus, par son organisation, le peuple serait en mesure de résister à toutes les mesures réactionnaires que seraient tentés de prendre contre lui les gouvernements.

*
* *

Dans les questions d'instruction et d'éducation comme dans les questions religieuses, nous ne sommes pas davantage d'accord avec le parti radical.

On ne peut nier que notre siècle, au moins dans certains pays, n'ait fait un gigantesque effort pour généraliser l'instruction, et le parti radical revendique comme l'une des réformes essentielles l'instruction primaire laïque et obligatoire. Ce sujet, pour être approfondi, demanderait une série de conférences ; nous devons nous borner à énoncer les différences essentielles, sous ce rapport, entre le programme radical et le programme socialiste.

Ce que les radicaux désirent de mieux, pour le moment, pour la masse des enfants du peuple, c'est une instruction élémentaire et primaire, c'est-à-dire la connaissance des notions qui peuvent servir à l'acquisition de connaissances supérieures. Pour les enfants privilégiés de la fortune ou habitant les villes, l'école secondaire complètera cette première instruction, et un bien petit nombre pourra étudier les sciences. Cette seule organisation de l'instruction constitue une subordination morale de la masse à ceux qui auront été favorisés d'études scientifiques. Nous laissons de côté toutes les critiques spéciales qui pourraient être adressées à telle marche de l'enseignement, pour mentionner simplement cette inégalité devant les moyens d'instruction. Un autre vice essentiel dans le système d'éducation actuel, c'est le mode d'apprentissage. Après avoir fréquenté l'école jusqu'à quatorze ans, l'enfant doit apprendre un métier ; presque toujours il est vendu à un patron pour un certain nombre d'années, et il faut qu'au bout de son apprentissage il soit un ouvrier. Le choix de la profession a été dicté par les nécessités économiques ; le patron voit dans son apprenti une jeune machine productive, et le plus souvent l'ouvrier, c'est une triste vérité, considère cet adolescent, non pas comme un futur compagnon de travail, mais comme un gamin pour lequel il n'a aucun égard ; tout dans cette existence d'apprenti contribue à tuer de bonne heure le sentiment de la dignité humaine. Ils sont rares ceux qui sortent avec quelque vigueur morale de cette fatale atmosphère. De culture intellectuelle, il n'en est pas question, et l'apprenti, devenu ouvrier, suivra l'exemple général.

Comme premier pas vers une réforme sérieuse dans l'instruction et l'éducation, les socialistes réclament l'affranchissement économique des classes ouvrières, car, tant que le milieu social actuel existera, on pourra opérer, peut-être, quelques réformes scolaires, mais qui n'auront d'effet que partiellement ; la masse du peuple restera sous le poids de la misère qui l'étreint et de l'ignorance, sœur de la misère. Ensuite nous proposons un changement radical dans le programme d'instruction populaire. Il ne faut pas seulement apprendre à lire et à écrire aux enfants : l'instruction et l'éducation doivent être combinées avec la connaissance des sciences et l'enseignement professionnel. Dès les premiers pas dans la vie, le développement de l'enfant doit être dirigé dans ce sens.

Il en résultera alors l'égalité devant les moyens d'instruction, l'alliance de la science et du travail. L'affranchissement intellectuel et moral du peuple couronnera l'émancipation économique et politique.

Lorsque les socialistes affirment la nécessité d'une révolution sociale, les radicaux ripostent qu'il faut d'abord instruire le peuple avant de songer à autre chose. Mais l'ignorance actuelle, la démoralisation, la dissolution des mœurs, sont des conséquences de l'organisation sociale existante, et ce n'est qu'en transformant cette organisation qu'il sera possible de supprimer l'ignorance et les conséquences qui en résultent.

Dans les affaires religieuses, les radicaux, pris individuellement, sont libres-penseurs, et en masse ils sont les ennemis de l'ultramontanisme et de l'orthodoxie protestante. Ils traitent les prétentions de ces deux sectes religieuses d'absurdes, par la simple raison qu'elles travaillent à dominer le peuple au seul profit de la religion, tandis que les radicaux veulent que le peuple n'ait pas d'autre préoccupation que le salut de l'Etat. Mais les radicaux se regardent comme supérieurs à la masse, et, s'ils admettent pour eux-mêmes la vérité scientifique, ils pensent que le peuple n'est pas mûr pour cette vérité. Ils ont en conséquence inventé un système religieux de juste milieu, assez élastique pour que les préoccupations de ce monde puissent y trouver place, tout en maintenant la vie religieuse pour la masse du peuple. Ils tonnent à la fois contre les ultramontains et les orthodoxes, qui poussent la religion jusque dans ses dernières conséquences, et contre le parti socialiste, qui, en ce moment-ci, tend à devenir le parti, non seulement de l'émancipation politique et économique du peuple, mais de la science indépendante.

Mais le christianisme libéral n'a été qu'un feu d'artifice; il est déjà en ce moment en pleine décadence, et nous n'aurons bientôt plus en présence que deux partis : celui de la réaction bourgeoise, autoritaire, militaire, religieuse, et celui de la révolution sociale ou de l'émancipation humaine, de la fin de toute domination de classe, de toute exploitation politique, économique et religieuse.

*
* *

Il nous reste à examiner un dernier point : Le progrès s'opère-t-il par voie de réformes successives ou par voie de révolution ? Dans ces temps-ci, le cri général est : « La période des révolutions est passée, c'est par de sages réformes qu'on réalise des progrès ; aussi le parti radical, qui agit dans ce sens, est-il le parti de l'avenir, tandis que le parti socialiste, qui affirme la nécessité d'une révolution, est impuissant ».

Toute l'histoire de l'humanité, et tout spécialement l'histoire de la bourgeoisie, nous fournit la preuve que chaque fois qu'un nouveau principe a dû s'introduire dans les faits sociaux, c'est par voie de révolution qu'il s'est implanté. Les conséquences pratiques du principe ont pu être introduites par voie de réformes successives, mais le principe lui-même s'est implanté révolutionnairement.

L'affranchissement du prolétariat n'aura pas lieu autrement ; tout ce qui est hostile à cet affranchissement est groupé sous le drapeau de la bourgeoisie, qui s'oppose par tous les moyens possibles à l'avènement du prolétariat, et tout ce qui est favorable à cet avènement se groupera autour du socialisme révolutionnaire.

D'ailleurs, en faisant abstraction de la puissance révolutionnaire des classes ouvrières, nous constatons que l'ordre actuel manifeste par lui-même des signes visibles de décadence, de dissolution ; il sauterait de ses propres excès lors même que le prolétariat n'interviendrait pas.

La Révolution sociale est donc inévitable.

C'est à la masse des ouvriers à hâter le triomphe de la révolution en intervenant d'une manière permanente dans tout ce qui concerne l'organisation et l'action du parti socialiste.

Aux endormeurs qui affirment que l'émancipation du travail ne sera jamais réalisée, il faut citer l'histoire des partis politiques. Comment ont-ils été capables de réaliser leurs buts égoïstes, sinon par le concours de la masse des citoyens ? Que cette masse populaire abandonne ces partis politiques à leurs propres forces, qu'elle cesse d'envisager la Révolution sociale comme un but lointain, que cette révolution devienne à ses yeux le but immédiat, et alors toutes les préoccupations populaires et l'action publique du peuple changent radicalement de situation.

Il suffit d'un bien faible effort dans ce sens ; l'ouvrier, cessant d'envisager sa société de métier comme une simple société d'assurance mutuelle, doit la considérer comme le levier d'une nouvelle organisation sociale, lui consacrer toute l'intelligence, les préoccupations, l'activité qu'il a jusqu'à ce jour dépensées soit pour les religions, soit pour les partis politiques, ou les dissipations. Il doit se considérer comme un membre actif, sous tous les rapports, de son organisation ouvrière. Qu'une faible minorité seulement agisse dans ce sens, et les organisations ouvrières deviendront tout de suite une puissance réelle et entraîneront dans leur sein tout ce qu'il y a de vivant dans la classe ouvrière.

Tant que les sociétés ouvrières hésiteront à entrer dans cette voie, qu'elles s'obstineront dans le système mi-bourgeois, mi-socialiste qu'elles ont adopté pour attirer la masse sans l'effrayer, elles ne constitueront pas un centre d'action sérieux, et resteront impuissantes.

La logique des événements est plus forte que la volonté des individus et des groupes. Les timides et les timorés seront entraînés malgré eux. Il y aura sans doute quelques natures d'esclaves qui trouveront mieux leur place au service de la bourgeoisie que dans les rangs du prolétariat révolutionnaire. Mais ceux d'entre vous qui ressentent la nécessité d'un changement, pourquoi hésiteraient-ils à rompre avec l'indifférence et à venir grossir les rangs de ceux qui luttent déjà ? Le seul obstacle sérieux pourrait être la persécution ; nous n'avons, chez nous du moins, pas de persécution publique à subir (1) ; quant aux persécutions privées, avec de la dignité et la pratique de la solidarité, il est possible de les braver. Par l'éducation morale qu'on nous a inculquée, nous avons appris qu'il était du devoir du citoyen de se sacrifier pour le salut de la patrie. L'horizon s'est élargi ; nous avons une plus grande cause à faire triompher : celle de l'humanité. Il faut savoir lui faire le sacrifice de notre existence.

(1) On ne pourrait plus parler de la sorte dans la Suisse de 1908.

TABLE DES MATIÈRES

SAINT-AMAND (CHER). — IMPRIMERIE BUSSIÈRE.

www.ingramcontent.com/pod-product-compliance
Ingram Content Group UK Ltd.
Pitfield, Milton Keynes, MK11 3LW, UK
UKHW031847260826
14628UKWH00002B/645

9 782011 914118